近代日本と社会学

――戦前・戦後の思考と経験――

秋元　律郎

学文社

目次

●凡　例●

(1) 本書では、原文の含意を忠実に伝えるため、原文のとおり引用し、旧漢字もそのままとした。したがって例えば、引用の書名については、『群衆論』のばあいには、そのまま使用し、一般の叙述にかんしては「群集論」として、本文では混在したかたちで使い分けている。

(2) 著作、雑誌からの引用は、できるかぎり原文のままとしており、再引用のばあいには、その旨を記した。

(3) 著者や執筆者で仮名やペンネームが使われているばあいには、できるかぎり併記した。

第一章

明治の社会学者たち

1　草創期の社会学

日本の近代化の過程で「社会」という概念が、どのように導入され、またその後の歩みのなかで、どのような意味をもたされていったか。いうまでもなくこの問題は、近代社会科学の形成と展開が、市民社会にたいする認識を基盤としているかぎり、基本的な性格とかかわってくる。そして社会学じたい、社会の再組織という現実的な課題を担いながら登場してきたとするならば、つねにこの問題にたいする応答を繰り返しながら、理論的整備をはかってきたということができよう。

ようやく社会学が、日本において理論化の一歩を踏み出したとき、有賀長雄は、その著『社會進化論』において、「今日の所謂∧社會學∨なる者ハ人間社會の現象を解釋するの理學なり」[1]と定義したものの、「英語の∧ソサイチイ∨といふ字を社會と翻譯するハ誰れの始めし事なるや知らず」と述べている。このとき「社会」が、近代市民社会にたいして、どのような意味をもつものだったのか、十分な認識をもちあわせていなかったにちがいない。

おそらくsociologyが、日本で「社会学」という訳語をもつのに時間がかかったのも、そうした事情と無関係ではなかったといえるだろう。はじめは「交際学」と訳され、さらに「世態学」という用語があてられたのは、たんなる訳語だけの問題ではなかった。

ちなみに下出隼吉の考証によると、社会学という学名が文献にあらわれたのは、一八八〇（明治一三）年の尺振八のスペンサーの翻訳『斯氏教育論』が最初だろうといわれる。しかし一八八一年の日本で最初の哲学辞典といわれる『哲學字彙』では、sociologyとsocial scienceがどちらも「世態学」と訳されており、これが一般に使われていたらしい。[2]

こうしたなかで日本への社会学の導入を、どこに求めるのか。もし西周のA・コントの紹介をあてるとすれば、それもひとつの見方だといえよう。彼が塊胡斯・坤度の實理哲學として、コントの実証哲学の概要を論じた『生性發蘊』（一八七三年）とともに、一八七七年前後の作とみられる『政畧論』には、コントの社会学にたいするきわめて的確な理解がみられる。

「カノ有名ナル佛國ノ哲家アウグスト　コントノ社會學ニ此點ニ論及セシコト有リ、卽チ此社會ノ上ニ政府ヲ置キテ其社會ヲ治ムルニ二個ノ觀念卽二個ノ道具ヲ要スルト云フ事ナリ……卽チ其一方ヲ進動（プログレス）ト謂ヒ其一方ヲ次序（オルドル）ト云フテ、此二個ノ者ハ人間社會ノ上ニテ大ニモ有レ小ニモ有レ一方ニ偏シテハ必ス失策ノ基トナル事必定ナリ」(3)。

もちろんここで西が、社会再組織を意図するコントの社会学の問題性をどれほど認識していたか、さだかではない。また社会科学の一部門としての社会学の導入が、その目的だったわけではない。というより西にとってコントへの接近は、あくまでも日本の近代化のための西欧思想の受容の一環としてなされたものであり、おそらくコントの進歩と秩序の共存という観念は、明治啓蒙思想家としての西の立場と政策的な思惑にもっとも適したものだったからだといえるだろう(4)。

ただ制度的な側面を含めて社会学の導入を問題としていこうとするかぎり、つよい指導原理としてあらわれてくるのは、H・スペンサーの理論だった。いうまでもなくその背後には、一八七〇年代から九〇年代にかけて、自由民権運動と明治絶対主義権力とのせめぎ合いがある。そのなかで、共にその理論的根拠とされていたのがスペンサーだった。そしてこの時期の日本における社会学の主流も、進化論にたった社会有機体説にその拠り所を求めていく。

つまり一方で、自由民権運動の指導理念として受容されたのが、スペンサーの自由主義的な原理であったとするならば、同時に明治政府に秩序維持の理論をあたえたのも、彼の社会有機体説であり、政策的に利用されていくというパラドクシカルな状況である。清水幾太郎は、これを「スペンサーに於ける二つの魂」[5]とよんだ。

もちろんその受容は、手さぐり状態だった。三宅雪嶺は、「明治十年頃エヴオリユーションの語が傳はつた、スペンサーの書を通してダーウヰンの書に及んだのであるが、知つた者は大學内の數名に限られた、了解したかせぬかといふ樣な所である」と回顧したうえで、つぎのようにも伝えている。「初めエヴオリユーションは變遷と譯したが、漸くしてチエンジと違ふとし進化と改めた[6]」。

その理論導入は、自由民権陣営、明治政府の要人、および東京大学という三つの経路においてとらえられると山下重一はいう。[7]その広がりが、どのようなものだったか。導入されはじめてからほぼ二〇年間に出版されたスペンサーの翻訳と紹介の数が、これをあらわしている。そのあまりの多さに驚かされる。

アカデミズムの領域では、まず東京大学でのE・F・フェノロサの講義によってはじまる。[8]そしてフェノロサの後、まもなく「スペンサー輪読の番人」ともいわれた外山正一が講義を担当するにおよび、さらにスペンサー色は強められていくことになる。

もちろんスペンサー以外の社会学がまったく受け入れられなかったわけではない。それが、どんな状態だったのか。一八八〇年代の末に、有賀長雄が『哲學會雜誌』に連載した「社會學史略」には、「社會學ノ世ニ出ヅル日、尙ホ淺シト雖モ、既ニシテ大ニ進歩ノ見ル可キアリコント、スペンセルハ言フニ及ハズ、其名未ダ多〻本邦人ニ知ラレスシテ既ニ此ノ學ノ大家タル者ヲ擧クレバ、佛ノケテレー、ロベルチー、獨ノセーフン、リリエンフエルド、バスチヤン、リッペルト、グンプロウイツ等アリ、夫ノ政法ニ有名ナルモール、スタイン、グナイスト、ポスト等モ與テ力無シトセザルナリ[9]」とある。しかしここでも有賀が頁をうめているのは、ほとんどがスペンサーに限られている。

おそらくその意味でも、有賀長雄の『社會學』（第一巻『社進化論』一八八三年、『社會學・第二巻・宗教進化論』一八八三年、『社會學・第三巻・族制進化論』一八八四年）は、そうしたスペンサー社会学の日本での導入のもっとも体系的な産物だということができるだろう。

こうしたスペンサーの社会有機体説は、進化論のつよい影響下で、さらに力を増していくことになる。これは、たんに当時の社会学がつよい社会有機体説の影響下にあったというだけでなく、社会進化論にたつ強国主義をとる明治政府の政策的意図と一致していたところにある。そしてそれは、斬進主義的な立場をとりながら、その国家論の基底に理論的支柱を提供するものだった。

その点、ダーウィンとヘッケルのつよい影響のもとで社会有機体説の立場にたっていた加藤弘之などは、その代表的な人物であったといってよい。『人権新説』（一八八二年）以後、すでに天賦人権説を放棄し、社会有機体説の立場にたっていた加藤の活動は、そうした変化の過程を如実にあらわしているといえる。それは、『強者の権利と競争』（一八九三年）をはじめとする生存競争にたった権力論としてあらわれてくる。そこにみられるのは、「優強劣弱的競争」の原理であり、社会進化論にもとづく権力論であり、権利論である。

たしかにその基底にあるのは、きわめて素朴な社会ダーウィン主義だといってよい。しかし生存競争における強者の権力をもって権利とみる主張は、ここでは同時に強国主義的なイデオロギーの理論的支柱としての意味をもたされてくる。

田畑忍は、このような「明治初期の自然法説に代位して、社會有機體説が明治中期に於て出現した」ことを、「社會有機體説による自然法説の驅逐的現象」ととらえているが、それは加藤だけではなかった。外山、三宅、建部遯吾、穂積八束なども、そうであった。[10]とりわけ社会学に目を向けるとき、強烈な個性をもってあらわれてくるのが建部である。

一八九七年に外山が東京帝国大学総長に就任したあとを継いで講師となり、社会学の講座を担当することになった建部は、留学後の一九〇一年に同大学教授となるが、彼の社会学の立場をささえていたのは、いうまでもなく進化論にたつ社会有機体説であった。そしてすでに欧米において社会有機体説を基盤とする総合社会学が背後に退き、しだいに専門科学として社会学の方法論を確立しようとする動きが加速していたなかで、建部は、この立場を貫いていく[11]。

「社会学はコムトに創り、遯吾において大成す」という強烈な自負に支えられた彼の主張は、こうして明治後期の日本の社会学のひとつの典型として、骨太にあらわれる。

しばしば指摘されているように、コントの社会有機体説と儒教とを結びつけて治国平天下の理論を構築しようとした建部の立場は、彼の社会学の構想とその基本的な嚮導理念を追っていくとき、はっきりとあらわれてくる[12]。彼の社会学理論を体系的にあらわす『普通社會學』四巻（一九〇四～一九一八年）は、いわばその基本的な立場と構想をしめすものだった。そして彼もまた強国論を説くイデオローグの一人だったことは、日露戦争にさいし主戦論に立って発言を惜しまなかったところにもあらわれている。

しかし時代は、動きをとめてはいなかった。社会学の潮流は、ヨーロッパにおいては、あらたな社会学の方法論をめぐる動きを加速させ、またアメリカではあらたな実証的な経験科学としての社会学の模索がはじまっていた。それは、けっして日本の社会学においても無関係ではなかった。周知のようにその動きは、建部と対抗するようなかたちで、遠藤隆吉や樋口秀雄たちによっておしすすめられていく。

「社會有機體の說たるや、社會を以て一團體となし一の渾一體となす者にして其幼穉なる、殆ど一顧の價なし[13]」。いうまでもなくこの激しい遠藤の言葉は、外山や有賀のスペンサー流の社会学理論、あるいは加藤弘之や建部の進化論に立つ社会有機体説にたいする正面からの挑戦をしめしたものといってよい。

そしてそれが、いかにあらたな息吹を伝えるものだったか。若き日の高田保馬の回想からは、つぎの言葉を拾うことができる。

「入学直前の私は社会学に関する先輩の本を読んだ。ことに遠藤隆吉博士の著作にひきつけられた。学問的情熱に打たれたのである。それは新しい学説の理解が多く盛られていた」(14)。遠藤の社会学が、いかに魅力にあふれたものだったか、ここからもうかがい知ることができよう。

そして遠藤が、このように心理学的社会学にたった社会学の樹立にきわめて過敏に反応していたことは、彼がF・H・ギディングスの翻訳に、いちはやくとり組んでいたことにもしめされている。そして多作な彼は、その著書によって、学界に刺激をあたえつづけていた。彼の『現今之社會學』（一九〇一年）、『近世社會學』（一九〇七年）、『社會學近世の問題』（一九一五年）、『社會力』（一九一六年）をはじめとする作品は、いずれもこれを伝えるものといってよいだろう。

そして同時に忘れてならないことは、この時期になおフランスやドイツ社会学の影響下にあったとはいえ、社会改良主義を深く浸透させたアメリカの社会学が、あらたな産業化のもたらす変動の過程を背景として、つよく発言を繰り返していたということである。アメリカ留学を経験した岸本能武太、安部磯雄、片山潜、高木正義などが接し、また社会問題の発生という現実に直面した当時の日本で、社会学にあらたな認識を促していったのも、社会改良主義の思想と理論だった。

2　社会改良主義との接触

導入期の日本の社会科学は、近代化という課題から離れて歴史的使命をはたすことはできなかった。そのかぎりいかなるかたちであれ、彼らは政治的含意を排除してこなかったし、また、理論的な装備にあたって、近代国家形成という問題から身をはなすことはなかった。その意味では、すでにみてきたように、社会学がその受容にあたって社会有機体説を基盤としたのは、けっして当時の欧米社会学の主要な潮流に寄り添っていたからだけではない。

しかし草創期の日本社会学をとらえていくとき、これを特徴づけているのは、進化論的な社会有機体説によって理論的強化をはかっていったことにだけあるのではない。ここで同時に見逃してはならないのは、社会学が形成を急いでいたとき直面せざるをえなかった現実にある。そこで彼らを待ち受けていたのは、産業資本確立にともなう社会の構造的変化であり、産業化と都市化の生み出した社会問題だった。

そしてこれをめぐる対応が、たんに社会学だけでなく、一般にひろく共有された争点だったことは、当時、社会主義を含めて、社会政策や政治学をはじめとする社会科学の関心が、これと正面から切り結んでいたところにもあらわれている。

それは、けっして遅れて近代化の道に加わった日本だけの問題ではなかった。社会問題は、産業化と都市化の過程にあたって、いずれも避けることのできない現実だったし、また社会学が、自己形成をはたすにあたって、目をつぶることのできない問題だったといってよい。その意味でも、初期の日本の社会学が、社会問題の解決を最大の現実的課題とし、これを関心事としたのはきわめて当然のことだったといえるだろう。

いうまでもなくこうした問題性については、視点の置き方に違いはあっても、これまでしばしば言及されてきた。

たとえばかつて下出が、揺籃期の日本社会学をとり上げたとき、日本の社会学が一種の政治論としてとり入れられてきたことを指摘したうえで、「明治三〇年前後といふものは一面から見れば社會問題研究と相まって我が社會学は急激なる發展を遂げ、社會運動と關聯して異常なる發達をなした[15]」といっているのも、そうした事実をさしたものといってよい。

この問題を、当時の社会科学者や思想家たちが、どのように認識していたか。社会問題の発生を契機として、その解決と社会改良を掲げてつぎつぎと姿をあらわす研究集団の問題意識と関心のうちに、はっきりとみてとることができる。

そのなかできわめて先導的な意味をもつ「社會學會」の形成を促したのも、社会問題にあった。この研究会は、一八九六（明治二九）年に、布川孫市（静淵）たちによって結成されているが、その目的が社会改良を念頭においたものだったことは、『社會雜誌』の第一巻第一號の「設立趣旨」に、つぎのようにうたわれているところから分かる。

「夫れ社會學は社會的學科の基く所にして人間の歴史的發達一般社會の進化開展の理法を究め親しく實際社會の生活を調査し將來社會改良の方針を示すものたり見よ歐米諸國の時論は社會學に集注し今日の學理界は社會問題の時代なりと稱せらるる而して今や我國貧富漸く懸隔し來りて貧民問題起り地主と小作人との關係穩かならずして土地問題起り資本家と勞働者と相衝突して勞働問題起らんとするの現象少ならず是れ豈に由々しき一大事に非ずや此時に當り一方には社會學の原理を究め他方には實際社會の生活を調査し之を未發に豫防し之を既發に調整するの要ある辯を俟たずして明らかなり……[16]」。

そして翌一八九七年には、その機関誌として『社會雜誌』が発刊されるが、ここでも「社會學、社會主義、社會問題等に關する」諸般の次元を論議する専門雑誌とされ、ひろく社会問題にかかわる「諸種の問題に就て討議し、其弊毒を除去せんことを期す」とされている。

ちなみにこのとき結成の音頭をとった布川の回顧談によると、機関誌の刊行にあたって、はじめは名称を『社會学雑誌』にしようとしたところ、「〈學〉の文字が気障りなり」という三宅雪嶺の意見によってこれを削り、『社會雑誌』とし、英語では「ソシオロジスト」としたといわれる。(17) おそらくこれなども、社会学会という名称を冠しながらも、彼らの意図がひろく社会問題の解決にかかわる研究会だったことをしめしているといえるだろう。

そしてこうした社会問題を争点とする現実認識が、当時の社会科学にひろく求められていた共通の課題だったことは、この時期の研究活動のうちにはっきりと映し出されている。そしてそれらは、いずれも思想傾向の異なった専門家を包み込みながら結成されているところに特徴があった。

たとえば一八九七年に、三宅雪嶺、片山潜、鳩山和夫、田口卯吉たちによってもたれた「社會問題研究會」が、そうであるし、また前述の「社會學會」の消滅の後に、元良勇次郎、有賀長雄、小河滋次郎、戸水寛人、呉文聰、高木正義を評議員に迎えて結成された「社會學研究会」(会長・加藤弘之)(18) も、同じように社会問題の解決を第一次的にかかげたものだった。

そしてこの会が、規模のうえからも、また参加者の構成からもきわめて注目すべきものだったことは、後に昭和期に入ってからも『社會學雑誌』で、「我が社會學上誠に記念すべきもの」という再評価を受けているところにもみてとれる。なおここでは、この社会学研究会の機関誌『社會』の記事を資料としながら、結成の翌年の総会の写真が掲載され、簡潔に紹介がなされているので、その一部をあげておこう。

「當時會員は二百四十八名ありしとのことであり、會員の職業別地方別其他講演會、雑誌『社會』に就いての報告および評議あり、加藤會長よりは新に岡百世、十時彌、布川孫市、五來欣造、樋口秀雄、新見吉次の諸氏に委員の依頼あり、夫れより後、加藤弘之博士は社會改良の困難に就き、呉文聰氏は統計に就き、又島田三郎氏は水平問題に就いて講演せられた……」[19]。

そしてそこには先にあげた人びとの他に、金井延、桑田熊蔵、片山潜、坪内雄蔵（逍遙）、松島剛などといった多彩な顔ぶれがみえる。おそらくこの写真と短い記事が伝えているのは、いまだ学会組織といえるほどのものが成り立つ前夜に、未分化な学問領域をこえて社会科学者や思想家たちが、直面する問題解決へのとり組みをしめした知識人運動のひとつの姿だったといえるだろう。

これは一八九八年に、岸本能武太、安部磯雄、片山潜、村井知至、高木正義、幸徳秋水たちによって発足した「社會主義研究會」にも、はっきりとあらわれている[20]。

そしてこうした動きは、そこで展開されていく研究会や運動の広がりのなかの人間関係にも、きわめて興味深くあらわれてくる。これについて布川は、キリスト教的な改良主義の傾向を指摘し、「知識階級の人と時勢の關係」のなかで「歐米の新空気に觸れた」者をあげているが、ひとつの核をなしていたといってよい[21]。

こうして彼らは、社会問題への関心を深めていくことになるが、ここで彼らが社会学の発展に残した足跡も、けっして小さなものではなかった。彼らがこの時期に著した社会学の作品は、視点のうえからも認識のうえからも、時代の潮流への的確な認識をしめしていただけでなく、あらたな展開に向かうたしかな眼に支えられていた。

そのひとつとして、きわめて均整のとれた社会学のテキストといわれる岸本の『社會學』（一九〇〇年）をとってみよう。

たしかにここで彼は、古典的な総合社会学の近くにいる。「社會學は先づ社會の現在及び過去を研究して、社會の要素、性質、起原、進化、及び目的を發見し、次ぎに社會を組織する衆個人は、將来如何なる方法により社會の進化を促進し人生の目的を大成すべきやを講究する學問なり[22]」というのが、その基本的立場である。しかしそれは、もっぱら外山や有賀たちのようなスペンサーに依存した進化論的な社会有機体説にたつ社会学の枠内にはなかった。しかも基底に社会改良主義をひめながらも、これと社会学との混同を戒めていた点で、社会学的認識への確実な視座がしめされていた。

「社會全躰の現象を綜合的に研究し、又過去現在將來を一貫する社會進化の原則を研究する社會學は、正さに此の場合に於て全局の智識と將來の豫測とに關し必要なる扶助を與ふるものにして、是れ社會革新事業に對する社會學の利益に外ならざるなり[23]」。そのうえで岸本は、「社會學は決して他の如何なる社會改良手段の別名にもあらず、又凡ての社會改良手段の總名にもあらざるなり[24]」と両者の峻別を求めていく。

その意味では、浮田もまた社会学の認識において、あらたな視野をもちえた一人だったといってよい。彼の『社會學講義』（一九〇一年）も、そのひとつである。彼もまた社会学をもって「諸々の學問の終極點」であるとみていた点では、かわりはない[25]。しかしそこには、社会有機体説による解釈が、依然として色濃く残されているものの、F・H・ギディングスやG・ジンメルにたいする評価とともに、未整理ながらも社会心理の問題をとり込むことによって、はっきりと心理学的社会学に歩を踏み出していた[26]。

たしかに岸本も浮田も、その後の社会学の展開のなかでは、ほとんど姿をあらわすことはない。というより彼らが社会学の領域にとどまったのは、きわめて短い期間だったといってよい。もともと岸本がたっていたのは比較宗教学にあったし、また浮田が活動の場を求めていたのは、歴史学、政治学にあり、そこからの社会・文明批評にあった。

そうしたなかで彼らが、社会学に足跡を残しえたのは、おそらくいまだ専門性のはっきりしない総合科学的な性格をもつ草創期にあって、社会認識と研究の基盤が、なによりも社会学に求められていたことと無関係ではなかったことにある。まさに形成期の明治の社会学は、このような状況をかかえていたからこそ、社会問題という現実をめぐって、さまざまな立場からの思想的、学問的な交流の軸となりえたし、また学問的欲求を受けとめえたのだといってよい。

そしてその活動は、同時に政策学や都市研究にとっても、その育成を促す苗床だった。その点、いまなお社会問題の古典として名をとどめる安部の『社會問題解釋法』（一九〇一年）も、そうした背景のなかで生み出された際立った業績のひとつだったといえるだろう。

この時期に、すでに「社會問題と慈善事業」（一八九五年）、「社會主義に對する難問」（一八九六年）、「社會主義について」（一八九七年）などを世におくっていた安部は、上述した「社會主義研究會」を、岸本、村井、片山たちと結成し、そこで中心的な役割を演じていたことで知られる。そしてここで安部がもっともつよく主張していたのは、社会改良主義的な立場にたった都市政策にあったとみられる。

そして『社會問題解釋法』の基盤にあったのも、こうした認識であった。つまり「貧富の懸隔最も盛なる都市に於て先づ社會主義の優勢を認むるは、以て社會問題最後の解釋を茲に求めざるべかるを證するものといふべし」というのが、ここでの安部の立場である。いうまでもなくそこには、欧米における自治制度にひとつのモデルがあった。「眼を擧げて見よ。欧米に於ける市政の大勢は已に社會主義の勝利を告白し、幾多の都市改良事業は滅すべからざる社會主義の効績を銘する好箇の彰德碑なることを[27]」。

もちろんそれは、今日からみるとき、社会主義というよりは都市政策の問題に置き換えられる性格をもつものだったといってよい。しかしここで重要なことは、安部が、市政問題をもって、「多數の人々が政治思想を發達せしむべき[28]」といい、また「市政は單に公民たるべき心得を教ゆるに在るので、而もその關係する所は、日常吾人の頭上に落ち来るべき問題である」[29]と述べるとき、それは、自治を前提とした政治論、また政策論の展開を約束していたということである。

明治の社会学は、日本の近代化の激しい流れから逃れることはなかった。それは、イデオロギーのうえでの対応としてだけではない。彼らは、そこに重くのしかかる現実からも身を逸らすことはなかった。そうしたなかで精いっぱい背筋をのばして現実と向かい合い、負わされた課題と格闘していったのが、明治の社会学者たちだったといえるだろう。

3　去りゆく明治

明治の社会学は、いまだにかたちの整わないなかで、近代思想と科学のもたらすインパクトを正面から受けとめ、近代化の歩みをはやめる現実と相対することを求められた。しかもそこで彼らが請け負わされた課題は、けっして制度化された枠のなかであたえられたものではなかった。また十分に練られた科学的思考のもとでなされたものでもなかった。

もちろんそれだからこそ明治の社会学は、未分化なかたちのまま泡立つような動きを生んでいったといえるし、またその未成熟さのゆえに数々の課題を宿すことができたともいえるだろう。そしてそれは、いくつかの流れをかたちづくりながら、つぎの世代へと受け継がれていく。

すべての社会科学がそうであるように、社会学の制度化も、専門化の進展をまたなければならない。その点、すでにみてきたように社会問題をめぐる社会学会の結成は、専門科学としての社会学の研究会というよりは、むしろ社会学の原理とともに、「社會問題及び社會改良政策を研究する」場としての性格をつよくもつものだった。しかしそうした活動をつうじて、社会学がしだいに専門性をたかめていったことは疑いえない。

社会問題にかかわる一連の研究活動や集団に参加していった者たちは、そこで社会主義や社会改良主義思想、あるいは社会政策や社会事業の動向と触れ合うことによって、問題領域を確認していくと同時に、科学的認識をたかめていくことになる。そして他方、進化論的な社会有機体説を基軸として根づいていった社会学理論も、心理学的社会学の台頭という社会学方法論の模索の動きのなかであらたな転機を迎えていく。

一九一三（大正二）年五月に設立された「日本社會學院」は、これをしめすものといってよい。たしかにそれは、この組織を主宰する建部遯吾の立場を強烈に反映したものだった。これをあらわすかのように、その機関誌『日本社會學院年報』創刊号の「叙」には、「社會渾一體の實理的研究は、世界學壇の歸趣、而して人文改新の要機なり」[30]という文字がおどっている。

しかしこのような露わな個性の表出も、ある意味では強力な牽引力を必要とした創設期には避けられないものだったともいえよう。そして川合隆男が、日本における社会学の展開過程を、学問運動としての社会学の生成と制度化という視点から重視していったのも、その点にあったといってよいだろう。

ここで川合が、制度化とよんでいるのは、「社会学などの学術的・専門的な学問活動・研究が、大学や学会、その他の機関あるいは集団を媒介にして一定の団体、組織やコミュニケーション・ネットワークをつくり交流を図りながら、ある程度恒常的に、規則的に、正統的に継承され展開されていく過程」をさす。そして制度化を軸としていくとき、戦前の日本社会学の発展過程は、つぎの段階によって問題をとらえることができるという[31]。

(1) 幕末から明治初期にかけての科学思想、社会思想、社会学思想の生成期、(2) 社会学講義の開始、社会学、翻訳書の刊行をみる明治一〇年代から社会問題を中心に研究集団が組織されていく明治三〇年代前半まで、(3) 明治三〇年代後半から建部を中心とする「日本社会学院」の存続期、(4) それ以後の「日本社会学会」の設立から昭和初期の一五年戦争期に入るまで、(5) それ以降の終戦までの時期。[32]

ではは日本社会学院は、いろいろな批判にさらされながらも、なぜこうした過程で無視しえないものをもっているのだろうか。おそらくそれには、移行期にある組織として、いくつかの交じりあった要素が絡んでいるからだと思われる。

一言でいえば、そこにみられるのは、専門性の低い明治期の社会学の残影をそのまま引きずった理論と立場からの社会運用の論究にあったといってよい。つまり川合の指摘を借りるならば、渾一体としての社会有機体説の立場から教化と政治を重視し、「社会理想論としての社会本位主義、その政治的展開としての国家本位主義」を強調する建部の立場である。[33]

したがってその点では、当時、社会学の方法論をめぐってあらたな転換期を迎えていた欧米の社会学の動向とは距離があったといわなければならないし、次世代への展開の方向性をはっきりとしめしうるほどの先導性をもつものではなかったといえる。そして組織の運営が、建部のつよいリーダーシップのもとでおこなわれてきたことも、日本社会学院にたいする評価に影響をあたえる一因となっていたといえる。

これは直接に建部のもとでまなび、また日本社会学院の一員として参加していた松本潤一郎の言葉からもうかがうことができる。ここで松本は、建部の社会学体系があまりにもはやく完結され権威づけられたため、新興研究にたいする適応性を低下させる結果をまねいたことを指摘したうえで、こういい切っている。

「一度その枠の内に入り込む時は、個々の問題は唯この一定の與へられた方式に従ひ解釋するのみのこと、なつて、科學的自由探究のメスは到る處拘束を被らざるを得ないのであつた。……其結果暫らく研究上の停頓を來したといふのは事實であつた。吾々は建部博士によつて主宰された『日本社會學院年報』十巻（大正二年より同十一年まで）と『社會學論叢』六巻（明治三十九年より四十五年まで）等の刊行物の一部に今日この事實を回顧し得るであろう[34]」。

しかしこのような性格をもちながらも、日本社会学院じたい、当時しだいに専門性をたかめていく社会学の歩みのなかにあって、おぼろげながらもあらたな研究基盤の形成を予想させる動きをみせなかったわけではない。そして研究活動の全国組織という点でも、やはりあらたな局面をしめしたものだったというべきだろう。ましてや社会学研究の中心的な機関誌として、『日本社會學院年報』のはたした役割は、けっして小さなものではなかった。

そして日本社会学院に設置された「調査部」も、けっして軽視されてよいほどの存在だったわけではない。おそらくその活動をもっともよく伝えるのが、『現代社會問題研究』（全二五巻）の刊行だろう。川合が、日本社会学院の存在に再評価を求めているのもそこにある。

もちろんここで建部が、現代の社会問題とよんでいるのは、「社會といふ渾一體の病氣煩悶、それがさまぐ〵の方面に迸發せる」ものであり、その解決をはかるというのが目的だった。そしてそれが、すでに述べた彼の社会学的立場につよくしばられたものだったことはいうまでもない。これは、発刊の意図が、「大日本帝國の國體を基準とし、國是を實現するの不可避的手續の一としての社會問題解決」にあり、そのための「實理的方法」を打ちたてることにあるとされているところからもうかがえよう[35]。この叢書のなかに、国防上の社会問題や国民保健問題、あるいは思想問題といったものが含まれているのも、おそらくこうした建部の立場によるものだといえよう。

その点でも、この叢書から建部の立つイデオロギー的な性格を払拭することはできないし、しかもこの叢書の刊行は、大正デモクラシーの動きのなかで胎動するあらたな社会科学の展開と呼応しながらすすめられていることからも目をそらすことはできない。

しかしそれだけにこの叢書をひもといていくとき、かえってそこには時代の直面する問題性が、きわめて鮮明に映し出され、争点の鮮明化がはかられていることも見逃されるべきではないだろう。

とはいえ戦前の日本の社会学の展開という視点からとらえていくとき、それが過渡的な位置づけをもつものでしかなかったことは、ここで認めておかなければならない。したがって日本社会学院が、やがてつぎの世代の組織にとってかわられていったのも、当然のことだったといえよう。

こうして、一九二三（大正一二）年に設立の動きに入り、翌年に下出隼吉、藤原勘治、戸田貞三、松本潤一郎、今井時郎、林恵海たちによって、あらたな学会の設立をみることになる。「日本社會學会」の誕生は、まさにあたらしい時代の到来を告げるものだったといってよい(36)。

明治は足早に去っていく。そしてさまざまな西洋の近代思想が渦巻くように流れ込み、一時的にせよイデオロギー対立を顕在化させていく大正デモクラシー期を迎えるなかで、社会科学もまた大きく視座の転換を求められていく。社会学も、けっしてその例外ではなかった。マルクス主義、新カント学派、歴史主義、あるいはプラグマティズムといったさまざまな社会科学を包む潮流のなかで、日本の社会学がこれに敏感に反応していったのは、いわば当然のことだったといえよう。そのなかで科学認識や方法論も、大きな展開をみせていくことになる。

同時に彼らが直面する現実も、すでに時代の局面を変えていた。産業化の展開にともなう労働問題と都市化の進展による社会問題の発生は、あらたな階級分化や社会運動をひき起こし、社会的な亀裂を深めながら、その対応と分析を求めていた。

いうまでもなく日本社会学院の『現代社會問題研究』の刊行は、こうした現実にたいするひとつの応答であった。

そしてその分析のなかには、すでに述べたように、いくつかの顕著な問題の提示がみられていた。しかし建部のいだく問題意識のなかに、あらたな時代の方向性をしめしうるものは乏しかった。日本社会学院から新進の社会学者たちが離れ、あたらしい日本社会学会の結成を促していくことになる。

その息吹は、どのようなかたちであらわれてくるか。日本社会学会が機関誌として刊行していくことになる『社會學雑誌』（一九二四〜一九三〇年）の刊行の経緯を追っていくとき、これをみることができる。そして彼らが来るべき時代に向けて、いかに開かれた動きを渇望していたか。これは、日本社会学会の結成にあたって中心的な役割をはたした松本が、欧米の社会学界との交流に力を注いでいったことに(37)、なによりもよくあらわれている。

〔注〕

(1) 有賀長雄『增補・社會進化論』牧野書店、一八八七年、一頁。
(2) 下出隼吉『明治社會思想研究』淺野書店、一九三二年、三五八—三六一頁。
(3) 西周「政畧論」『西周全集』第二巻、宗高書店、一九六二年、二八九頁。
(4) 秋元律郎『日本社会学史—形成過程と思想構造—』早稲田大学出版部、一九七九年、一七—二四頁。
(5) 清水幾太郎『日本文化形態論』サイレン社、一九三六年、五三頁以下。
(6) 三宅雪嶺『明治思想小史』丙午出版社、一九一三年、一〇九—一一〇頁。
(7) 山下重一「明治初期に於けるスペンサーの受容」『年報政治学　一九七五年・日本における西欧政治思想』岩波書店、一九七六年、七九頁。
(8) 秋山ひさ編・解説、金井延筆記『フェノロサの社会学講義』神戸女学院大学研究所、一九八二年。
(9) 有賀長雄「社會學史略」『哲學會雜誌』第一九號、一八八八年、三七九頁（斉藤正二解説・復刻『社会学史』社会学通信会、一九七七年、一〇頁）。
(10) 田畑忍『加藤弘之の國家思想』河出書房、一九三九年、六一—六二頁。

(11) 建部遯吾『普通社會學、第一巻、社會學序説』一九〇四年、『普通社會學、第二巻、社會理學』一九〇五年、『普通社會學、第三巻、社會靜學』一九〇九年、『普通社會學、第四巻、社會動學』一九一八年、金港堂。
(12) 川合隆男『近代日本社会学の展開—学問運動としての社会学の制度化—』恒星社厚生閣、二〇〇三年、二〇七—二一四頁。
(13) 遠藤隆吉『近世社會學』成美堂、一九〇七年、二〇頁。
(14) 高田保馬『学問遍路』東洋経済新報社、一九五七年、一三四頁。
(15) 下出隼吉　前掲書　一二五—一二六頁。
(16)「設立趣旨」『社會雜誌』第一巻第一號、一八九七年四月、所収。
(17) 布川静淵「明治三十年前後の社會學界、社會運動に關する追懐談」『社會學雜誌』第五三號、一九二八年九月、九七頁。
(18)『社會』第一巻第一號、一八九九年一月、八二頁。
(19)「口繪・社會學研究會總會（明治三十二年）」『社會學雜誌』第三五號、一九二八年。
(20) 秋元律郎　前掲書　七五—八五頁。
(21) 布川静淵　前掲論文　九九頁。
(22) 岸本能武太『社會學』大日本圖書、一九〇〇年、二九頁。
(23) 同上書　四五頁。
(24) 同上書　四〇頁。
(25) 浮田和民『社會學講義』開發社、一九〇一年、四一頁。
(26) 同上書　一四〇頁以下。
(27) 安部磯雄『社會問題解釋法』東京專門學校出版部、一九〇一年、四五三頁。
(28) 安部磯雄『應用市政論』日高倫堂、一九〇八年、四頁。
(29) 同上書　十一頁。
(30)『日本社會學院年報』第一巻第一、二合册　一九一三年。
(31) 川合隆男　前掲書　二三—二四頁。

(32) 同上書　二七二頁。
(33) 同上書　二二一頁。
(34) 松本潤一郎『日本社會學』時潮社、一九三七年、一二頁。
(35) 日本社會学院調査部編、建部遯吾著『現代社會問題研究　第一巻　現代社會文明』冬夏社、一九二〇年、七―八頁。
(36) 「日本社会学会」設立の経緯については、川合隆男の前掲書『近代日本社会学の展開』第七章「日本社会学界の設立とその後の経緯」を参照のこと。
(37) 林恵海「日本社會學會の育成の親」『松本潤一郎追憶』一九五三年、二四―二五頁。

第二章

都市研究とその模索

1　貧民窟と社会問題

近代都市を語るとき、貧困の問題を切り落とすことはできない。というより近代都市の形成は、つねに貧困をひきずることによって歩みをすすめてきたといってよいだろう。それは、どのようなかたちをとろうとも、都市化が産業化とかかわり合っているかぎり、避けえないひとつの宿命だった。

武家政治の中心として繁栄を誇った江戸を土台としながら、あらたな近代都市への脱皮を求められた東京も、つねに影の部分として、貧困の問題を抱え込んでいく。それは、都市空間のうちにも、耐えがたいかたちであらわれる。

変化は、誰の目にもあきらかだった。あらたな都市化の進展のなかで姿をあらわす都市市街地が、文明の象徴であったとするならば、下層社会の形成は、同時に近代都市が必然的に生み出さざるをえない負の産物であったといってよい。

日本の大都市も、産業資本の確立期をむかえ、人口の流入によって激しい変動をしめしていく。とくに明治期後半に顕著にあらわれる都市への人口集中は、激烈なものだった。東京を例にとると、一八八九（明治二一）年には、本籍人口の七割に近い約五六万人におよぶ社会増がしめされており、これは当時の東京の五人の市民のうち二人が流入人口によってしめられていたことになるという(1)。

こうした人口増加にくわえて、市区改正条例による都市改造とあらたな市街地の形成は、たとえ部分的なものであったとしても、東京のイメージを一変させていく。それが、人びとの目にどのように映っていたか。石川天崖は、その賑わいを『東京學』（一九〇九年）のなかで、こう表現している。

「大厦高樓櫛比して方四里にも亙つて……車馬は疾風の如くに縱横に馳せまはり、往きかふ士女は華麗艶美錦繍を織るが如く、驕奢の設備は一として缺くものもなく、晝は五彩人目をひき、夜は電燈瓦斯燈花の如く燦然として不夜城を現出する……」[2]。

しかしこのような繁栄の背後で、貧困は確実に、また深い広がりをもって都市の深部を蝕んでいた。そして誰しもが、これを見逃さなかった[3]。こうして貧民窟は、賑わう市街地と対比されるとき、つねに都市の裏として意識されることになる。

いうまでもなくこの時期には、まだ機械制工場工業の水準は低く、人口流入がただちに雇用労働者に転化するわけではなかった。こうして集積されたのが、雑業者ないし賃労働の供給源となって滞留する貧民窟の都市下層である。つまり雑業層として沈殿していった農村からの流入人口に加えて、幕末期にすでに底辺に追いやられた下層民や、維新によって振るい落とされた人びとによって構成されたのが、この時期の都市下層だったといってよい。その最暗部としてあらわれたのが、「貧の窟邃くして零落の坩堝いずくを底と測りがし」とされ、おぞましくも怪奇に映る生活空間としての〈貧民窟〉だった。

石塚裕通は、これを「明治初期以前の〈前期的〉都市下層社会が、〈近代的〉都市スラムへと転化し、いわゆる〈貧民窟〉を中心に都市下層社会が再生産される」過程としてとらえているが、その点、この都市スラムは、「社会問題の矛盾を、もっとも鋭いかたちで露呈した部分」であったといってよい[4]。

一八八〇年代の末期には、こうした都市下層によってしめられる地区は、当初の場末や忌避される施設の周辺、あるいは利用度の低い軍事施設の裏町や湿地帯から外辺へと拡大していくことになる。それが、どのような分布をもって拡大していったか。呉文聰が東京一五区の貧民窟の所在を整理した「東京府下貧民の状況」（一八九一年）にあげられたものだけでも、七〇カ所を超えていたことからも知れよう[5]。

いわゆる社会探訪ものとして世間にもて囃されることになる貧民窟探訪記は、こうした背景のなかで生み出されてくる。

たとえば『朝野新聞』の「府下貧民の眞況」（一八八六年）や、鈴木梅四郎の『大阪名護町貧民社会の實況紀略』（一八八八年）、あるいは櫻田文吾（大我居士）の『貧天地大飢寒窟探検記』（一八九〇年）などは、いずれもそうした都市の暗部を鋭い筆致と描写力によってえがきだしたものだったし、また松原岩五郎（乾坤一布衣）の『最暗黒之東京』（一八九三年）は、前田愛の指摘するように、明治の東京を〈文明〉と〈暗黒〉の両極からとらえようとしたテキストとして、多くのことを語りかけることになる。[6]

「來つて最暗黒の東京に學べ。彼は貧天地の豫審判事なり、彼は飢寒窟の代言人なり、彼は細民を見るの顯微鏡にして、亦彼は最下層を覗くの望遠鏡なり[7]」と松原はいう。そしてそこには、はるかヨーロッパ文明の遭遇した都市の映像が介在していた。

前田は、こうした松原の作品に、当時日本の識者に少なからぬ衝撃をもたらしたW・ブースの『最暗黒の英國とその活路』の影をみている。また横山源之助『日本の下層社會』（一八九八年）にも、ロンドンの貧民への言及がみえる。もちろん彼らのえがく貧民窟の彼方には、一八八〇年代から九〇年代にかけてのイギリスで耳目を集めたイーストエンドの貧民の記録があったとしても[8]、それが、どれほどの事実認識によって理解されていたかは疑わしい。またもっぱら貧民窟の生活の実態に向けられた探訪ものには、都市社会の構造的な問題としてとらえていく目線はなかった。

しかしそれらの探訪ものは、人びとの好奇心をそそる探検の対象であったとしても、その臨場感にあふれる巧みな筆致と、そこに引きずり出されたおぞましい貧困の一廓が、好奇心をそそるに十分なものをもっていたことは間違いない。そして貧民窟がこれほどまで関心をひいたのは、このとき都市の空間的な再編成のなかで顕在化することになった貧困の生態が、もはやたんなる覗き見の対象としてではなく、共存を強いられる存在として意識せざるをえなくなっていたことをしめしているといえるだろう。

それだけに日本の都市研究の形成というテーマとかかわるテキストの模索にとり組んでいこうとするとき、ひとつの見逃しえない重要な意味をもつことになる。佐藤健二が、「〈可視化〉というモティーフのもとで、さまざまなテキストを発掘し積み上げていく」作業にあたって[9]、これらの貧民窟という空間に集積された貧困の生態へのルポルタージュに注目しているのは、そのためである。そして近代都市の形成過程を問題としていくとき、そうした探訪もが、「一連の都市経験の可視化」という役割をもちえていたことは間違いない。

しかし問題を都市研究の航跡にかかわらせていくとき、貧民窟の探訪と都市下層への視線は、当然のことながらすでに述べたような社会問題への関心と交差する。というより一八九〇年代に多くの社会科学者や思想家たちをひきつけていった社会問題の研究は、いわば貧困という現実から問題をとり合いながら、これを社会改良と問題の整理に向けていったものといえるだろう。

たしかにこのとき彼らが争点にみたてた社会問題の研究に、借り物の部分があったことは否定できない。これは、社会問題の研究に先導的な役割をはたした社会学者の一人、布川静淵が、「されば社會學界や社會問題等に關しても當時の社會の事實現象よりも、知識階級の研究唱道が先驅となりて、問題を造つたものが少なからぬ[10]」と回顧しているところからもうかがえる。

その一例として『日本現時之社會問題』（一八九七年）をあげてみよう。この著作が、この時期にどれほど読まれたものかあきらかではない。ただこの一冊をあげてみても、ここで彼の意識をしめていたのは、フランスやドイツの社会主義、およびキリスト教的社会主義であり、表題にある日本の社会問題の現状については、まったくといってよいほど実態への接近をしめしていない。そしてその認識の土台となっていたのは、「我維新以後の社會問題は、其性質、範圍、勢力に於て、維新以前の社會問題の比にあらず、彼は孤立的地方的なりしと雖も、是は世界的共通的なり、詳言すれば我が經濟界は、正に歐米に瀰漫せる社會問題の大波濤の横洼を受けつゝあるなり[11]」という理解にあった。

こうしたとり上げ方は、けっして思想や理論にだけかかわるものではなかった。現実認識において、彼らの脳裏にあったのは、欧米で問題化していた現実であり、これをとおしてとらえられた社会問題の理論だった。これは、当時アメリカの社会改良主義の影響をつよく受けて社会問題にとり組んでいった安部磯雄や片山潜たちにも共通する。それがどれほど観念的なものだったか。これは、彼らの都市問題の認識から、その背後にある農村問題がすっぽりと抜け落ちていることからも分かる。その点、ここで彼らが社会問題とよんでいたものは、あくまでも都市問題であり、また彼らのいう社会主義とは、都市社会主義だった[12]。

しかしかりにそうだとしても、彼らが社会問題への接近を試みたとき、貧困という現実につよく突き動かされていたことはたしかだったし、また具体的に都市下層がその視野にあったことは間違いない。安部磯雄が、「社會問題と解して貧民問題と言ふは寧ろ適當の事と云ふべし」(『社會問題解釋法』一九〇一年)といい、また「歸着する所は貧民問題に在り」というとき[13]、その限りではけっして観念的な理解にとどまっていたわけではなかった。

というよりかりにこのような借り物性をひきずっていたとしても、彼らが社会問題を争点としていったとき、その視野のなかに近代都市の抱える構造的な問題にたいする理解とその現状分析が組み込まれていたかぎり、時代認識としての意味はけっして小さくはなかったといえるだろう。そして欧米の先行現象から問題の所在を聞きとっていったことは、その後の理論化にとって欠かせない手続きだったといわなければならない。

その点、貧民窟の探訪ものが、都市下層の貧困の現実にたいする「微視的」な観察をとおして「可視的」に都市の深部に迫ることができたとすれば、他方、社会問題の研究は、先走った認識によって都市の現実を語らせ、そこに都市構造ないし都市政策にかんする「マクロな理解」と把握に向かう立場を用意しえたということができるだろう。

2　都市化と「大正文化」

近代日本の歩みを追っていくとき、大正時代は、ときとして過渡期としてあらわれながら、その反面、ひとつの時代として際立った特徴をしめしてくる。おそらくそれは、この時期が、明治と昭和という激しい歴史的変動を経験した二つの時代にはさまれていることとともに、日本の資本主義の確立期としての性格をつよくもっていたからだといえよう。

大正という時代は、いわばこうした転換期にあって、急激な産業化と都市化のなかで、あらたな階層分化をひき起こすと同時に、ようやく形成された都市中間層によって政治的にひとつの局面をみることになったときでもあった。中産階級を中心とする政治運動としての性格をつよくもつ大正デモクラシーは、そのひとつの表現だといってよい。そして小作争議と労働運動の激化のなかで社会の底辺で深い亀裂を走らせながら、他方、あたらしい都市のモダニズムと民衆文化を拡大していったのも、この時代だった。

また大逆事件という暗い明治の政治的閉塞性を象徴する出来事を経験した後、さまざまな近代思想の流入のなかで、あらたなイデオロギーの洗礼を受け、まがりなりにも欧米との同時代意識のなかで個人主義、教養主義の文化の萌芽をみせながら、近代科学と思想をとり込んでいったのも、大正期のしめす時代的特徴のひとつだったといってよい。

元号じたい、けっして歴史的に意味をもつものではない。それにもかかわらず、明治と昭和にはさまれたこの一五年に満たない時期が、ひとつの特性をもち、また「大正文化」とよばれるほどのとらえ方をされてきたのは、こうしたところに理由があるといえよう。[14]

いうまでもなく都市研究もまた、産業化と都市化によって投げかけられ、またそこで突きつけられた問題を読みとることによって、展開を促されていく。とくに一九二〇年代に入ってさまざまなかたちであらわれてくる社会問題や都市文化にたいする関心は、こうしたなかで政策的な意図に裏打ちされた調査の進展や、社会事業および都市政策にかかわる実践的な要請と相まって、都市社会学や現代文明論にたいする研究を押し上げていくことになる。

そしてこの動きは、相互に関連し合いながら都市研究に収斂していくことになるが、おそらくそこではつぎのような背景をあげることができるだろう。

(1) 政府官庁統計および調査資料の整備、(2) 民間における社会調査と実証的研究の展開、(3) 都市行政および都市政策の理論化と実践、(4) 都市調査の方法および現代都市社会の研究の展開、(5) 都市社会学の理論流入、(6) 都市化にかかわる生活・風俗と行動の観察、(7) 社会事業をとおした都市問題への接近。

都市研究だけでなく、日本における経験的な社会科学的研究の展開をみていくとき、官庁の主導によっておこなわれた調査統計資料の整備が大きな役割を担ってきたことは、よく知られている。その点、すでに明治期の比較的早い時期からおこなわれた慣行調査や産業調査および統計は、政策的な要請にもとづいたものとはいえ、その後の科学的な調査活動をみていくとき無視しえないものをもっていたといわなければならない。[15]

そしてとくに調査統計の方法と技法の発達および資料的価値のうえからも、とくに農商務省商工局によって刊行された『職工事情』（一九〇三年）や、内務省による「細民調査統計表」（内務省地方局『細民調査統計表』（一九一二年）、同『細民調査統計表摘要』（一九一四年、同省社会局『細民調査統計表』一九二二年）などは、日本産業資本主義確立期の問題を、都市下層の生活実態調査をとおして鮮明に映し出した先導的な意味をもつものだったといってよい。またそれは、当時、深刻化していく社会問題とはなれて考えられないものだった[16]。

そしておそらくこれらの調査統計は、当時の日本の労働事情および都市下層の生活実態をきわめて忠実にしめしている点でも、また調査方法の発達をみていくうえでも、重要な位置づけをもつものといってよい。これは、川合隆男の日本における調査にかかわる方法の形成過程のうちの四つの時期区分にもみることができる。ここで川合は、上記の区分をおこなったうえで、そのうち主として社会問題および商工関係に中心をおいた明治期の社会調査萌芽期につづいて、一九一五年から一九三〇年頃までを、調査方法論の生成、展開をみる第二期としてとらえているが[17]、調査統計の発達は、この時期にまたがる見逃しえない産物ということができる。

そしてこれらを基盤として培われていった社会調査が、ひろく労働問題、社会問題、都市生活にかかわる経験的な実態調査の展開をしめすことになったことは間違いないところといえよう。一九一九年から高野岩三郎たちによって実施された「月島調査」は、その代表的なものといってよい。

周知のようにここでは、この調査は、内務省衛生局の保健衛生調査会（一九一六年発足）を調査母体としているところからも分かるように、直接には国民の体位、保健にかかわる問題を対象としたものだった。いいかえるならば労働者の生活や労働問題を視野にいれた現地調査としての都市の地域調査だといってよい。こうして月島調査は、京橋区（当時）月島を対象として、高野の指導のもとで実施されることになるが、ここではまず警視庁統計書、東京市統計年表、東京市勢調査原表、東京市人口動態小票などによる人口構成、人口動態、職業、社会階級、工場、労働者等にかんする基礎調査であり、この時期ですでに整備されてきた統計調査を基礎資料としていたことが分かる。

そして同時にこの調査が、高野の労働問題研究、および労働者問題にたいする啓蒙・実践活動という性格もあり、あらたな調査方法の模索と実践的な活動の場としておこなわれたことも見逃してはならない。こうしたなかで調査技法の発達と都市問題にたいする科学的なアプローチが進められていった意義が、きわめて大きかったことは改めて指摘するまでもないだろう。そしてこの調査が、その後の社会事業や都市研究に大きな影響をあたえていったことは、これに参加した若い研究者のなかに権田保之助（娯楽調査、家計調査）、山名義鶴（労働事情）、星野鐵男（保健衛生）、三好豊太郎（社会地図）たちがいたことからも、おしはかることができる。[18]

そしておそらくこうした調査活動の進展は、その問題意識や目的のうえから、社会事業や都市政策の展開と歩調をそろえていったことは否定できない。その点、都市行政もまたこの時期にあたらしい局面を迎えていたといってよい。いうまでもなくその背後には、深刻化する都市問題の発生と、現状認識に支えられた科学的な考察への要請があった。

京都大学で米田庄太郎のもとで社会学を専攻した山口正も、そうした都市行政の場から都市問題に視野の設定をはかり、その解決の方向づけをめざした一人だった。山口の『都市生活の研究』（一九二四年）などは、その注目すべき産物といってよい。[19] そして都市政策論の展開をみていくとき、そこには研究者から行政に転じた關一の存在があった。大阪市長という市政の実際的・行政的責任の地位にあった關のはたした役割が、ここで都市行政の展開のうえで、いかに決定的なものをもっていたか、いうまでもない。

たしかに都市政策にかんする労作に目を向けるとき、都市制度や政策についての研究は、けっしてあたらしいものとはいえない。[20] また安部磯雄にみられるような市政論が都市社会主義の立場から主張されていたことは、すでに述べたとおりである。しかしそれが、都市行政を直接に担う人たちによっておしすすめられていったことに、ここでつよく目を向けておかなければならないだろう。

そしてこうした都市問題にたいする科学的、実践的なとり組みをみていくとき、都市研究はさらに欧米の思想および理論との接触と導入によって、社会学的な視座の整備をはたしていくことになる。

おそらくその点では、米田庄太郎ほど鋭い時代感覚をもってこれに接していった社会学者はいなかったといえるだろう。すでにひろく欧米の社会学理論および社会思想の紹介と導入に努めてきた米田は、このとききびしい姿勢で日本の現実と向き合い、これに科学的な対応を迫っている[21]。

しかし米田が、研究の対象としていたのは、たんなる理論や思想をとおした文明論にだけあったのではない。当時、社会問題にたいしてつよい関心をもってのぞんでいた米田は、『現代人心理と現代文明』（一九一九年）や『現代社會問題の社會學的考察』（一九二一年）にみられるように、社会思想、文化、心理、および階級、社会運動、組合といった多岐にわたる諸問題に焦点をあてて、現代社会の抱えるさまざまな分野に分析の矛を向けていた[22]。

そして同時にその視線は、現代の都市問題にしっかりと当てられていた。都市の概念にたいする検討をはじめ、大都市論、都市人口集中、都市計画、都市人の心理、出生率、性、群衆、流行、人種問題にかかわる論稿を収めた彼の『現代人心理と現代文明』は、いわばそうした米田の問題意識の所在をみごとにあらわしたものということができよう。そしてそこには、現代の都市問題にたいする彼の研ぎ澄まされた時代感覚があった。

しかも米田は、けっしてこれを理論の次元にとどめておくことはしなかった。彼が、都市の経験的な研究の必要性を重視し、社会調査のもつ意義への理解を求めていたのはそのためである。彼が一九一七年から一八年にかけて『國民経済雑誌』に連載した「〈モノグラフィ〉法論」や「科学的〈アンケート〉法論」をはじめ、『現代人心理と現代文明』に収められた「現代文明と都市計畫及び都市測量」は、これをはっきりとしめしたものといえる。

ここで彼が都市計画とよんでいるのは、その背後に文化の問題をもつ社会問題にたいする科学的な改良をさすが、その要請に応ずるのが「社會測量」（social survey）であり、ここで彼は欧米の都市調査の動向の分析をとおして、その科学的な展開を求めていくことになる。[23]

こうしたなかにあって、一九二〇年代の後半から三〇年代になると、日本の社会学も、欧米の都市社会学の台頭を受けて、その理論と方法にたいする関心が高まりをみせていく。たしかに後に述べるように、その理論の導入の仕方は、なお断片的なものだった。しかしようやく理論的にもかたちを整えてきたアメリカのシカゴ都市社会学にたいする理論的な接近は、そこで進められてきた地域や社会解体に調査をはじめとする実証研究への関心にも支えられて、しだいに分析を深めていくことになる。

たとえば奥井復太郎の「都市社會學の一考察」（一九三二年）や「米国都市社會學の特殊性」（一九三〇年）[24]、あるいは米林富男の「アメリカの都市社會學―特にシカゴ學派の生態學的研究について―」（一九三二年）[25]などは、その理論形成の基盤にたいする論議とともに、人間生態学の仮説の有効性にたいするきわめて高いレベルの検討をしめしたものといえるだろう。

そしてその後、いくつかのモノグラフの紹介を含めてシカゴ都市社会学にたいする研究が進められていくことになるが、こうした都市社会学にたいする接近は、それまでの都市の歴史的あるいは文明論的な関心を中心とした都市研究と交わりながら、急速に理論的な歩みをはやめていく。

もちろんこれらの都市研究は、しだいに理論的な武装をかためながらも、そのまま都市社会学ないし都市政策に収斂されていったわけではない。しかしすでに資本主義の確立期に入り、産業化と都市化のなかで構造的な変化を経験し、また「モダン」文化を経験することになったなかで、都市生活と行動様式にたいする関心は、もはや限定された関心の枠のなかに閉じ込められておかれることはなかった。その動きは、民俗学や生活論、あるいは心理学、さらには建築学を巻き込みながら、都市の風俗や生活あるいは心理や行動にたいする観察を呼び起こしていくことになる。

柳田國男の『都市と農村』（一九二九年）は、しばしば指摘されているように、たんなる文明批評としてではなく、民俗学を足場とした都市へのあらたなアプローチをしめすものであった[26]。また井上吉次郎の『村と町と』（一九三〇年）も、視点の曖昧さはあるにせよ、そうした動きをしめすものといえよう。

そしておそらくここで見落としてはならないのは、その後、風俗研究や生活学の基礎となった今和次郎による「考現學」（モデルノロジオ）だろう。この街頭観察を中心とする都市の生活行動と風俗の採取は、当時、都市社会学の研究とかならずしも直接にかかわりをもつことはなかったとはいえ、都市観察にとって決定的な意味をもつことになる。

柳田國男、石黒忠篤、大内武夫たちとの交わりをとおして、民俗学、人文地理学に関心を寄せ、『日本の民家』（一九二二年）でみごとなスケッチによる民家研究に先駆的な役割をはたした今が、関東大震災を契機として都市風俗の記録の方法として実施した考現学とは、どのようなものだったか。『モデルノロヂオ〔考現學〕』（一九三〇年）に記した今のつぎの一節に、その狙いを端的にみることができるだろう。

「街を歩く人々の表にその態度が見える。無意識的な衆團、それが街の上にも、また家庭の中にも充満している。……それらの光景に對して、そこに兎に角、それらの状況を明確ならしむるところの記録が必要とされねばならぬ」。ここで今が吉田謙吉とはじめたのが、「民俗學者が野蠻人に對してやるやうな研究を、考古學者が古物に對してやるやうな研究を、または生物學者が昆蟲に對してやるやうな研究を、文明人の現在の有様の研究に適用してみた[27]」という風俗採取の方法である。

こうして現代の「風俗カルチュア」の中心である銀座をはじめ大都市の市街地の街頭観察からはじまる考現学が誕生する。そしてこのスケッチの裏づけをもつ図形化という記述法は、さらに今がしめした統計数値の記録表示の試みと繋げられながら、佐藤健二のいうように「可視化の実践の地平」における独自の方法をみせていくことになる[28]。

いうまでもなくこうした都市文化と生活にたいするアプローチは、いずれも都市化の進展のなかで、さまざまな領域や部門が生み出した多様な反応の仕方に他ならないが、このようなモダン文化と生活様式の変化を見据えていった試みとその展開を追っていくとき、問題の理解から外してはならないのは、そこで出合うさまざまな観察や研究の目線であり、理論化あるいは実践の動きである。

その点では、実践的な活動としての森本厚吉の文化生活運動にみられる文化的生活の啓蒙、普及も、そのひとつであったし、また権田保之助の民衆娯楽にたいする調査と研究も、一九二〇年代に急速に進展をみる社会層の生活と文化を背にしたものであった。

そしてこうしたなかでおし進められていく都市研究と都市社会学の形成の過程を追っていくとき、そこで課題を分け合っていくのが、社会問題とのかかわりをめぐって社会事業との関連のなかで展開していく理論的また実践的な問題である。

3　都市社会への接近と応答

都市研究の分野だけでなく、ひろく行政を含む領域で、「都市問題」が口にされはじめたのは、やはり大正期、それも一九二〇年代に入ってからだといえよう。もちろん都市問題というとき、かならずしもそこに共通の認識が成り立っていたわけではない。しかしそれまでの社会問題に代わって、都市問題という言葉が一般化してきた背後には、都市化のもたらすインパクトと、それによって生み出された固有の現象と問題があった。

そして都市化によって生み出された多様な社会現象が、都市問題というかたちで括られ、現実に解決を求められてきたとき、そこではたんに政策の対象としてだけではなく、これをとらえていく分析視点とそのための方法論的検討が、緊急の課題として登場してくることになる。

ではこのとき争点とされていた都市問題とは、どのようなものだったのだろうか。おそらくその経緯を追っていくとき、まずそれが政策的な意図を孕みながら意識されてきたことから目をはなすことはできないだろう。そして都市化時代における行政の課題を設定するにあたって、なによりもその実態の分析が求められることになる。

一九二二年に設立された「東京市政調査會」も、そうしたなかにあって都市政策にかかわる調査・研究機関のひとつであった。そしてここで展開されてくる活動を追っていくとき、そこには都市化の進展が提起する課題が鮮明に映し出されてくる。おそらくその機関誌『都市問題』の発刊（一九二五年）に寄せたつぎの後藤新平の辞は、当時、都市政策にかかわる基本的な認識を、きわめて直截にしめしたものということができよう。

「社會科學は、現代の文明を〈商工文明〉とよび、現代の都市を〈商工都市〉となづける。現代の文明と都市とは同一物の兩側面である。けだし現代の都市は、文明の總勘定場であるとともに、人口の堆積場である。……しかしながら〈必然〉はしばしば〈悲劇〉の作者となる。あまりに急激なる時勢の變化は、都市設備いまだ整はざるに、都市人口を集中せしめた。こゝにおいて都市は〈農民の共同墓地〉となり、〈罪悪不倫の策源地〉となり、同時に〈貧民の巣窟〉となつた……かくして〈都市問題〉は起らざるを得ない」。

そしてこうした理解に立つとき、彼にとって都市問題は、社会秩序の維持のための緊急性をもったものとして認識されることになる。「いかなる社會も、いかなる國家も、その中樞が腐蝕されて、なほ健全なるものはあり得ない。この意味において〈都市問題〉は、社會問題中の社會問題であり、國家問題中の國家問題である(29)」。

ここで読みとることができるのは、急激な産業化と都市化によって生み出された社会的な歪みと亀裂による秩序維持への不安であり、またそのための対策である。このことは、一九一九年に、東京市に設置された社会局の目的をみていくとき、さらにはっきりとあらわれている。おそらく『東京市社會局年報』第一号に載せられた「社會局の沿革並びに組織・緒説」ほど、その背景を雄弁に語ったものはないだろう。

「社會の狀勢頓に變調を呈し、物價は頻りに昂騰し、生活費の膨脹に伴ひ、市民生活の威迫を感すること太しく、加ふるに外來思想の瀰漫は、著しく民心の動揺を誘致し更に勞資間の葛藤頻發する等、社會的案件日に多きを加へ來りたるより、本市は特に社會事業の爲に機關を設くるの必要を生するに至れり(30)」。

つまりあくまでも社会的不安の解消と民心の安定と、そのための社会事業関連の対策を管掌する部局の設置が、ここでの課題の中心だということである。

そして、養育院、施療病院、児童保護所、公設市場、簡易食堂、貸家貸間紹介所、職業紹介所、労働合宿所等の施設事業にみられるように、その主眼は社会底辺の救済におかれていた。

いうまでもなくそこでとり上げられた課題は、いずれも政策的な対象となったものに限られている。しかしここで見落とされてならないのは、こうした対策じたい、たんに当時の都市行政が直面する問題を具体的にしめしているというだけでなく、その実施にあたってなされた実態調査に接していくとき、現実把握にとって欠くことのできない資料と分析を残しえているということである。

これは、行政による以外に、いまだに民間や研究機関による調査が見込めなかった時代であったことを考えるならば、ことさら強調されておいてよいだろう。このとき東京市の実態調査にかかわった磯村の回顧は、おそらくそうした意味をつよくこめたものと思われる。

「大正末期―大正一二年の関東大震災の影響もあって―から昭和の初期は、まさに東京の〈暗黒時代〉、〝行路病人・

死亡人〃簇出の時代であった。当時東京市はその実態の把握が必要となり、そのために、社会局に調査掛が特設された。当時はいわゆる〈細民〉と呼ばれた一般低所得者をはじめ、浮浪者・乞食・捨子・売春婦・娼妓、水上生活者等が調査の対象となり、特別の対策を実施する基礎となった」。

そして磯村は、こうして実施されてきた数十編におよぶ社会局の調査報告について、「ある程度学問的研究も併せて行っていた」といい、それがたんに歴史的な資料としてだけでなく、学問的に評価されうるものをもっていたと自負している(31)。

もちろんこのことは、調査研究や実態の把握において、すべて行政の側が先行していたということではない。都市の底辺社会への接近は、すでにセツルメントをはじめとする社会事業活動の広がりのなかで、さまざまな動きを触発していたし、またこれにたいする調査・研究が加速していた。またそうした活動が、政策的な側面と交差していたことは、「月島調査」をはじめとする作業のうちにみることができる。

いうまでもなくそこには、共有する問題の基盤が存在していた。そして都市研究の展開じたい、そうした社会事業にかかわる作業を視野にとり入れることによって、都市化のもたらす問題から現実的な課題を拾い上げていったことは疑いない。

たとえば磯村英一の「都市社會の特質より見たる帝都社會事業の批判」（一九二八年）などは、たんに東京市の事業活動にたいする行政的な視点からなされたものというより、都市社会事業の抱える問題へのあらたなアプローチにかかわる理論的な提言でもあったといえる(32)。そして同時にこうした動きと絡み合いながら、社会事業にかんする理論的な整備が進められてきたことは、三好豊太郎などの試みのうちにもみることができよう。その点、「月島調査」に参加をし、また東京市社会局にも席をおくことになる三好の作業は、調査方法のうえからも、社会事業の実践および科学的な研究の展開からも先導的な役割をはたしたものといってよい。

三好が、『社會學雑誌』に発表した「社會事業指導の概念」（一九二四年）、「フィールド・ウォークの基本問題」（一九二五年）、あるいは「民間社會事業運動の考察」（一九二六年）などは、いずれもこれを伝えるものといえる(33)。そしてこの時期に、社会事業が、欧米における動向を視野に入れながら、日本においてあらたな局面を迎えていたことは、磯村の「本邦都市に於ける社會事業調査機關とその文献」（一九二七年）に収められた調査活動の展開状況からもうかがうことができる(34)。

そしてこれらの動きが、社会事業にかんする科学的な研究と分析を促していったことは、こうした三好たちの作業とともに、海野幸徳にみられるような理論化の試みが進められてきたことにもあらわれている。海野が『社會學雑誌』に連載した「社會事業概念の限定」（一九二七年）などは(35)、そのひとつの作業といってよいだろう。

このことは、社会事業が都市問題に接近していく道筋において、はじめは行政の政策的要請をともないながら、経験的な調査・分析をはたしていくうえで、重要な位置づけをもっていたことをしめしているといえよう。そして都市研究の多くが、こうした回線をもつことによって都市問題と向かい合い、またその考察と分析のための視座の確定を急ぐことになったことは、都市社会学の形成をみていくうえからも見逃すことはできない。

では求められていた問題の整理とは、どのようなものだったのか。そこにしめされた模索のあとを辿っていくとき、都市社会学の形成を射程に入れながら、研究を加速させていったさまざまな動きをみることになる。そしてそこでは、すでにみてきたような社会事業や社会問題に直接に触れ合う地点とは距離をおいたところで、理論的な検討を進めるいくつかの業績と出合うことになる。

たとえばシカゴ学派の検討をとおして都市社会学の理論的な研究に意欲的なとり組みをしめしていった米林富男や、

西欧の中世都市および都市発達史の研究をとおして現代都市の研究に向かった奥井復太郎などは、そうしたなかで際立った作業をしめしたものといってよいだろう。

この二人については、次節の都市社会学の形成において、改めて触れるので、ここではこうした視点から、どのように都市問題がとり扱われていったか、奥井のおこなった問題の整理を手がかりとしてみていくことにしよう。

そのひとつが、奥井の「都市問題序論」（一九二九年）である。まずここで彼が、都市問題をとり上げるにあたって求めているのは、その前提として社会問題とよばれているものの概念規定であるが、彼はこれを「コミュニティー・プロブレムス」だとみる。したがって当然、農村もまた都市と同じように社会問題を抱える。彼が都市問題というのは、そうした地域性の認識にたったうえで、「あらゆる社會的生活上の諸問題が錯綜していて、生活と之れに生ずる問題の多種多様を顕示する大都市に集中的にあらわれる社會問題」ということになる。

そして奥井は、ここでシカゴ社会学の社会生態学などの検討をとおして、自然・地理的環境、人口問題、経済、政治組織、社会的結合、社会的分裂、社会的コントロール、郷土史を、都市問題をとり扱うさいの重要項目としているが、ここで彼が重視しているのは、これらの「事實の集成よりなる社會的過程」にある(36)。

そして奥井は、その翌年の論文「『都市問題』一考察」（一九三〇年）において、その検討をすすめていくが、ここで彼はさらに方法論的な視点からの問題の整理にあたることになる。

「學術研究、殊に社會科學研究の施設に關係せるものは其處に取扱はれる∧都市問題∨又は∧都市經濟論∨なる名稱の下に何を理解するか、大仰に云へば、是等の∧問題∨又は∧論∨の研究對象が社會科學研究の對象となり得るや否や、なり得るとせば如何なる意味に於いて果して然るか(37)」。

こうして奥井は、都市問題が社会科学の研究対象としてとり上げられるばあい、それがどのような視点からなされ、またその考察にあたって、どのような方法論上の規定を受けることになるか、を問題としていくことになる。そのためにまず彼が求めたのが、「一定の地点に現はれた聚落社會」としての「都市」の概念規定である。

そして彼は、そうした対象としての都市をとらえていくにあたって、定住、定住の諸形式、および都市を決定する諸条件と決定的標識という点から考察していくことを求めていくが、ここで彼の重視したのが社会的生活のうえでの諸機能の高度化と集中という現象だった。

つまり奥井の「都市を以つて組織せられたる全社會の生活關係の機能的中心所在である、との定義」である。そして現代の都市問題が、このような大都市に発生する諸問題を対象とするかぎり、「かかる都市と云ふ生活集團が如何なる性質の社會であるか」をあきらかにするところに、研究の課題がおかれるということになる。[38]

そのさい奥井によると、こうした視点から都市が問題とされるとき、もはやそれは都市問題の主題としてでもなければ、また都市経済論の対象でもなく、あらたな研究としてあらわれてくるという。それが、「都市社会学」である。もっとも奥井は、「吾々は、都市は社會學的に研究せらるゝものだ、との主張を排他的に爲すものではない。かうも研究せらるゝと云ふのみである」[39]ともいう。しかし彼がここで、「純科學的芳香」のあるのは都市の社会学的考察であり、市政論および経営組織にかかわる技術論の研究は第二義におかれるべきだというとき[40]、その目が都市社会学の構築に向けられていたことは間違いないところだといえるだろう。

4 「視角」としてのシカゴ社会学

一九二六年に、R・E・パークの写真が、『社會學雜誌』（第二二號）を飾っている。[41] もっともそこでとり上げられているのは、都市社会学者としてのパークではなく、一九二四年、アメリカ西海岸で排日移民法案をめぐっておこなわれた日系人調査が中心となっている。

このときパークのおこなった調査は、日本にも聞こえていたのだろう。しかしここであえてパークがとり上げられたのは、やはりシカゴ社会学の都市研究の動向が、日本の社会学界でもしだいに問題とされてきたこと、またそこでのパークの存在が注目されてきていたことと無関係ではなかったと思われる。

事実、この頃になるとパークだけでなく、シカゴ都市社会学について、人間生態学の理論、および調査のモノグラフが、断片的とはいえ紹介されるようになっている。たとえば一九二七年には、磯村による紹介批評として「シカゴに於ける〈都市社會學〉の二研究」をはじめ、バージェス「都市社會學」、モーラー「家族分解論」、などが、『社會學雑誌』にあらわれているし[42]、また一九三〇年には、東京市社會局によって、資料としてN・アンダーソンの『ホボ—無宿者に關する社會學的研究—』の翻訳（部分訳）がなされている[43]。

ただこうしたシカゴ社会学の導入は、まず調査研究の紹介からされはじめたため、その理論的な前提となっている人間生態学にたいする言及はほとんどみられない。このことは、たとえばスラッシャー「ギャング」の紹介にあたって、その理論的な仮説として問題とされていたバージェスの同心円理論の検証については、一言も触れられておらず、実態分析の部分紹介に終わっていることからもうかがえるだろう。

その点、シカゴ社会学にたいする関心が理論的な領域に移り、とくに人間生態学を基礎とした都市社会学の検討に入ってきたのは、三〇年代に入ってからだと考えられる。おそらく奥井の「都市問題序説」（一九二九年）などは、そのひとつだろう。ここで奥井は、パーク、バージェス、およびマッケンジーの「社會群態學」（人間生態學）の検討をとおして地域社会の概念の規定を試みているが、これは理論的な側面から人間生態学に迫った作品としては、もっとも早い時期のものといってよい。

そして奥井は、さらに人間生態学の検討だけでなく、これを生みだしたアメリカ都市の構造的特質をも射程に入れて、その分析に向かっていくことになるが、そこで展開されている主要な論旨は、彼の「米國都市社會學の特殊性」（一九三三年）に、ほぼ収められている。

まずここで奥井が「特殊性」とみているのは、歴史的にアメリカの都市のもつ構造的な特性であり、彼はとくに人間生態学に、そうした都市生成の基盤のもつ固有の反映をみていく。そこで奥井が問題としたのが、アメリカの歴史的非伝統性、可変性・変動性、および移民社会の雑異性という三点である。(44)

しかし彼はその検討にあたって、けっしてアメリカ社会や文化の特殊性からだけ、その理論的妥当性にたいして批判的な態度をとっていたわけではない。

ここで彼がとっていたのは、「米國都市社會學者の労作に吾々は多大の共鳴を見出す事を否定し難い。米國都市の特殊事情、従つて其の都市理論は、特殊的ではあるが之れが資本主義時代の典型的なものとして特殊的である丈けに、資本主義化して行く國々の都市に對して、無關係な努力とは思はれない」という立場である。

こうした理解にたったうえで、なお奥井が、シカゴ都市社会学の理論を特殊的だとみるのは、つぎの二点にある。まずそのひとつは、人間生態学を基盤としたシカゴ社会学の理論的妥当性が、西欧や日本などの他の都市との比較考察において有効性をもちえていないということであり、もうひとつは、現代の都市現象があくまでも資本主義体制内の問題としてあらわれ、その機構の分析に於いてのみ可能であるにもかかわらず、その視点が欠落しているということである。(45)

おそらくこうした批判には、それまでヨーロッパの都市研究をおこなってきた奥井の比較文化的な立場がはたらいていたと思われるが、ここで求められていたのは歴史的、社会的な制約性にたいする認識であり、それによってえられる理論的な有効性の問題だったということができるだろう。

つまり奥井にとって問題だったのは、たんなる人間生態学の理論的な限界にたいする指摘にあったのではなく、むしろその理論形成の基盤そのものの歴史的、社会的背景にかかわる条件をとおして、有効性の範囲をみきわめていくことにあったといってよいだろう。そのばあい奥井が求めたのが、比較文化論的視角を備えた検討であり、また現代の資本主義のもつ構造的な分析の視点であったということができる。

そしてこのようなシカゴ学派の都市社会学にたいする検討が進むにつれて、人間生態学にたいする批判もまたさまざまな視点からおこなわれてくることになる。たとえば新明正道の「都市社會學の構造に就いて」（一九三七年）や「都市社會學の方法論的考察」（一九四〇年）などは、その理論的な批判としてあげられる。

もっとも新明のばあいには、人間生態学が、都市社会の分析のための理論的仮説としてもつ有効性というよりは、その主題は歴史的考察と社会力の関係を無視した理論の批判におかれたものだった。

彼がまず「都市社會學の構造に就いて」で問題としていたのは、社会学の一部門としての都市社会学の中心課題を「都市の構造の研究」におくばあい、その分析概念として人間生態学のもつ問題性にある。そのさい彼が最大の論点としてとり上げたのが、「共棲」（シンビオシス）の原理を人間関係の社会に適用することの不適切性であった。そしてなによりもここでは、「地域的分布として現れた現象的結果を重視して、その動因たる社會力の關係を閑却してゐること」、そしてその結果として「都市の歴史的な動きについては第二義的な関心をしか有たない[46]」ことが問題とされていく。

この批判は、さらに「都市社會學の方法論的考察」において、パークやマッケンジーの人間生態学の理論的検討を中心に展開されていくが、ここでも新明が論議の中心においているのは、「地域的社會の本質を社會的ではなく、共生的であると稱する場合、この共生の意味を競争的なもの、生存競争によつて支配されたものと看做している」ことにある。そしてこのような立場は、「人間社會的な特徴を抹殺する」だけでなく、やがて社会学と生態学との原理的な混乱を招くものとして、きびしく否定されることになる(47)。

こうして新明にあって、人間生態学は、たんに都市社会学の方法としてだけでなく、社会学理論としても、きわめて懐疑的に受けとめられていくことになるが、これは、当時、「社會力」の概念によって社会学理論の構築を試みていた新明の立場からすれば、当然のことだったともいえよう(48)。そしてこうした人間生態学理論の検討が、都市研究においてシカゴ社会学の先行する状況のもとでは、一度はなされなければならない作業のひとつだったことも否定できない。

そしてそれは、理論的な検討から、さらに経験的な研究を含めた仮説の検証という作業を触発していくことになる。その点、もし奥井や新明の視点が、人間生態学の理論的形成の背景や方法論的な問題に向けられたものだったとするならば、これにたいして人間生態学の経験的な検証の作業をとり込むことによって、その妥当性の検討をおこなっていったのは、米林富男だったといってよい。

米林の「アメリカの都市社會學―特にシカゴ學派の生態學的研究について―」（一九三二年）、および「都市社會學の諸問題」（一九四〇年）は、そうした経験的な研究に目配りをしめしながら、人間生態学の検討にあたって周到な分析手続きをみせた論稿ということができる。ここで彼がおこなった作業は、人間生態学の理論とともに、その仮説の検証にまでおよんでいるが、そこにみるのは調査のモノグラフにあらわれる分析を含む経験的視点からの緻密な検討である。

おそらく米林の前者の論文「アメリカの都市社會學」は、その意味でも、この時期のシカゴ都市社会学の展開をもっとも内在的にとらえた研究ということができるだろう。[49]また後者の「都市社會學の諸問題」は、さらに「自然地域」の概念とその実態にたいする分析をとおして、より経験的な意味における生態学的な考察の妥当性にかかわる作業にあてられたものであり、[50]そこにみられるのは、見事な切れ味をもった人間生態学の仮説への検討である。

もちろんこうしたいくつかの貴重な業績を生みだしながらも、都市社会学の形成という点では、この時期の日本の社会学のなかに、はっきりとした都市研究の領域の確立をみていたわけではない。また専門分野としての基盤をかちえてきたわけでもない。極端ないい方をするならば、そこにみえるのは都市化のもたらす激しい変化に身をゆだね、現実のもたらす都市問題に目を凝らしながらも、なお有効な理論的な武器を手にすることができないまま、社会学的考察に委ねられた「マージナルな研究領域」だったといってよい。

このことは、日本社會學会年報『社會學』第四輯の特集「都市と農村」（一九三六年）で、斉藤昇一がまとめた「都市社會學邦文文献[51]」を手にとるとき、否定しがたいかたちであらわれてくる。ここには一九三三年から一九三六年までの都市社会学にかんする文献が収録されているが、もしこれが当時の動向を忠実に映し出したものとするならば、そこにみるのは断片的で方向性をもたない散漫な研究の流れにすぎない。

ただそうした状況にありながらも、この時期に都市研究が、社会学の一部門として意識されはじめてきたことは間違いない。これは、新明が「都市社會學の研究が特殊研究を越える組織化に向ひつつある」という認識から、「我々は都市社會學をその學問的構成において問題にしてよい筈である[52]」と述べているところにもあらわれている。

そして同時にここで見落としてならないのは、はじめにも述べたように日本の都市研究じたい、都市問題とのつよいかかわりのもとで課題を受けとり、けっして現実とはなれたところで展開をしめしてきたわけではないということである。そしてまたシカゴ社会学をはじめとする理論の批判的な検討においても、けっして日本の現状認識を無視したところでおこなわれてきたわけではなかった。

このことは、シカゴ社会学との接触が、まず調査研究の紹介からはじめられてきたことにもしめされているといえよう。とりもなおさずそこにみるのは、当時の日本の都市研究者の関心が、なによりも社会問題に向けられていたことだといってよい。そして人間生態学の理論もまた、たえず日本の都市構造への視線とつき合わせるかたちで問題とされてきたことも忘れてはならないだろう。

すでにみてきたように奥井の検討を支えてきたのは、まさにそうした日本の都市問題にたいする関心にあった。これは、人間生態学の批判的検討にあたって、「米国都市社會學會學の都市理論を吾々が我が國に就いて妥当せしめんとする時[53]」という問題意識が前提とされていたことにも、典型的にあらわれている。

そして事実、奥井の『現代大都市論』(一九四〇年)[54]は、こうした問題意識に導かれながら日本の都市社会学が、つぎの世代に問題をつなげていくうえでの大きな一歩を踏み出すものだった。ここに収められた奥井の論稿をみていくとき、そこにあらわれてくるのは、中心機能論のもとに都市計画および都市経営を視野にとり込み、政策論に絡む都市論の構築への試みである。そして彼は、たんに理論のみを視野に収めてきたわけではなかった。その都市論は、盛り場や、東京都市圏と鎌倉をはじめとする大都市と近郊社会のフィールド調査に向けられた作業の広がりのなかで展開をしめしていく。

たしかに奥井の試みには、多くの未完成の部分が残されている。しかしそこで提起された理論的検討と考察は、間違いなく戦前の日本の都市研究が模索してきた道筋のなかで生み出されたものだった。そしてその後の日本の都市社会学は、そこから多くの問題を受けとってきた。しばしば指摘されているように、「中心機能の地域的結集」という奥井の都市の規定は、鈴木榮太郎の都市の結節機関説や矢崎武夫の統合機関説につながるものであったし[55]、同時にまた生活論は、彼が初期の段階から主張してやまなかった「都市社会の結合観念」としての市民意識と地域の共同性の観念とともに、さまざまな課題を残していくことになる[56]。

戦前の都市研究の流れのなかで形成された渦は、けっしてひとつではない。それはいくつかの波動をみせながら、戦後に受け継がれていく。そこで提起され、そして持ち越されてきた課題が、どのようなものだったか。一九二〇年代から三〇年代に展開をしめす都市研究は、そのためにわれわれが読みとっていかなければならない手がかりを、多くあたえているということができるだろう[57]。

〔注〕

(1) 石塚裕道『東京の社会経済史—資本主義と都市問題—』紀伊國屋書店、一九七七年、一〇一—一〇三頁。
(2) 石川天崖『東京學』育成會、一九〇九年、二頁。
(3) 作者不詳「東京の貧民」一八九六年、(中川清編『明治東京下層生活誌』岩波書店、一九九四年、所収、九〇頁)。
(4) 石塚裕道　前掲書　一二八頁。
(5) 呉文聰「東京府下貧民の状況」中川清編　前掲書　七七—八七頁。
(6) 前田愛『都市空間のなかの文学』筑摩書房、一九八二年、一九〇頁。
(7) 松原岩五郎（乾坤一布衣）『最暗黒之東京』民友社、一八九三年（復刻版、『最暗黒之東京』若月書店、一九七七年）二頁。
(8) 前田愛　前掲書　一九〇—一九三頁。
(9) 佐藤健二「都市社会学の社会史—方法分析からの問題提起—」倉沢進・町村敬志編『都市社会学のフロンティア（I）構造・空間・方法』日本評論社、一九九二年、一六四頁。
(10) 布川靜淵「明治三十年前後の社會學界社會運動に關する追懷談」『社會學雜誌』第五三號、一九二九年、九四頁。
(11) 田島錦治『日本現時之社會問題—附近世社會主義論—』東華堂、一八九七年、三三頁。

(12) 秋元律郎「コメント・都市社会学的研究史の方法的視点」倉沢進・町村敬志編　前掲書　二二二―二二三頁。
(13) 安部磯雄『社會問題解釋法』東京専門學校出版部、一九〇一年、五一六頁。
(14) 南博編『大正文化』勁草書房、一九六五年、一―一三頁。
(15) 川合隆男編『近代日本社会調査史（Ⅰ）』慶應通信、一九八九年、所収の第2章竹内治彦「明治期慣行調査にみる〈慣行〉と〈近代〉」、および第3章平野隆「明治における産業調査」を参照のこと。
(16) 農商務省商工局『職工事情』一九〇三年、（復刻版、土屋喬雄校閲『職工事情』新紀元社、一九七六年）。内務省地方局『細民調査統計表』一九一二年、同『細民調査統計表摘要』一九一四年、同省社會局『細民調査統計表』一九二二年（復刻版、『細民調査統計表』合本、慶應書房、一九七一年）。
(17) 川合隆男編　前掲書（Ⅰ）一五頁。
(18) 川合隆男「社会調査方法史について―近代日本における社会調査方法の模索と〈月島調査〉―」、川合隆男編　前掲書（Ⅱ）、一九九一年、九一―一〇一頁。
(19) 山口定『都市生活の研究』弘文堂書店、一九二四年。
(20) これについて蠟山政道は、都市政策や都市行政にかんする日本での先駆的な文献として、井上友一『都市行政及法制』上、下、一九一一年、田川大吉郎『都市政策汎論』一九二六年、池田宏『都市経營論』一九二二年、および關一の諸論文をあげたうえで、「当時その参考書としたものは、外国の文献は別として、すべて実際家によってかかれた著書・論文であった」と述べている。（蠟山政道「都市政策の体系と内容」、關博士論文集編集委員会編『關一遺稿集・都市政策の理論と実際』（復刊）大阪都市協会、一九六八年、ⅰ頁）。
(21) 秋元律郎『日本社会学史―形成過程と思想構造―』早稲田大学出版部、一九七九年、一五七―一六三頁。
(22) 米田庄太郎『現代文化人の心理』改造社、一九二一年、同『現代社會問題の社會學的考察』弘文堂、一九二一年。
(23) 米田庄太郎『現代人心理と現代文明』弘文堂書房、一九一九年、六一一―六八〇頁。
(24) 奥井復太郎「都市社會學の一考察」『三田學會雜誌』第二六巻第一〇號、一九三二年、同「米國都市社會學の特殊性」『都市問題』第一六巻第四號、一九三三年、八四七―八五九頁（『奥井復太郎著作集』第三巻、大空社、一九九六年、収録）。
(25) 米林富男「アメリカの都市社會學―特にシカゴ學派の生態學的研究について―」『社會學』第一號、一九三三年。

(26) 柳田國男『都市と農村』朝日新聞社、一九二九年（『定本　柳田國男集』第十六巻、筑摩書房、一九六二年，所収）。
(27) 今和次郎、吉田謙吉編『モデルノロヂオ（考現學）』春陽堂、一九三〇年、一—二頁（復刻版、学陽書房、一九八六年、一—四頁）。
(28) 佐藤健二　前掲論文　一七六—一八一頁。
(29) 後藤新平「『都市問題』發刊に就いて」『都市問題』第一巻第一號、一九二五年、一—二頁。
(30) 東京市社會局『東京市社會局年報』第一編、一九二〇年、一頁（復刻版『東京市社會局年報』I．柏書房、一九九二年、二一頁）。
(31) 磯村英一『磯村英一都市論文集』I．有斐閣、一九八九年、一六頁。
(32) 磯村英一「都市社會の特質より見たる帝都社會事業の批判」一九二八年、『磯村英一都市論集』I．一五六—一六八頁。
(33) 三好豊太郎「民間社會事業運動の考察」『社會學雜誌』第二三號、一九二六年。
(34) 磯村英一「本邦都市に於ける社會事業調査機関とその文獻」『社會學雜誌』第三六號、一九二七年、八七—九七頁。
(35) 海野幸德「社會事業概念の限定」上、中、下、『社會學雜誌』第四二、四三、四四號、一九二七年。
(36) 奥井復太郎「都市問題序論」『三田評論』第三七九號、一九二九年、四〇—五〇頁。
(37) 奥井復太郎「〈都市問題〉一考察」『三田學會雜誌』第二四巻第二號、一九三〇年、六四頁。
(38) 同上論文　八〇頁。
(39) 同上論文　一〇三頁。
(40) 同上論文　一〇五頁。
(41) 『社會學雜誌』第三二號、所収、口繪「パーク教授の肖像」、および古坂明詮「シカゴ大學社會學教授パーク博士の印象」。
(42) 古山利雄「パーク『都市』」『社會學雜誌』第三七号、一九二七年。磯村英一「バージェス著『都市社會學』」同誌第三八號、一九二七年。同「シカゴに於ける都市社會學の二研究」同誌　第四一號、一九二七年（ここではスラッシャーの『ギャング』が、とり上げられている）。同「モーラー『家族解体』」同誌　第四三號、一九二七年。同「アンダーソン『都市社會學』」同誌　第六三號、一九二九年、等があげられよう。
(43) N・アンダーソン、東京市役所社會局訳『ホボー無宿者に關する社會學的研究—』東京市役所社會局、一九三〇年。

(44) 奥井復太郎「米國都市社會學の特殊性」八四九―八五七頁『都市問題』第一六巻第四号、一九三三年、(『奥井復太郎著作集』第三巻三九―四七頁)。
(45) 同上論文 四八―四九頁。
(46) 新明正道「都市社會學の構造に就いて」『社會事業研究』第二五巻第一號・一九三七年、三八頁。
(47) 新明正道「都市社會學の方法論的考察」『都市問題』第三〇巻第六號、一九四〇年、一一二一―一一二二頁。
(48) 秋元律郎「新明正道の理論」新明正道、鈴木幸壽監修『現代社会学のエッセンス―社会学理論の歴史と展開―〔改訂版〕』ぺりかん社、一九九六年、二七三頁。
(49) 米林富男「アメリカの都市社會學」『社會學』第一號、一九三三年。
(50) 米林富男「都市社會學の諸問題」『都市問題』第三〇巻第六號、一九四〇年、一一二五―一一三九頁。
(51) 斉藤昇一「都市社會學邦文文献」日本社會學會年報『社會學』第四輯、一九三六年、一四一―一五二頁。
(52) 新明正道「都市社會學の方法論的考察」一一一四頁。
(53) 奥井復太郎「米國都市社會學の特殊性」三九頁。
(54) 奥井復太郎『現代大都市論』有斐閣、一九四〇年。
(55) 藤田弘夫「奥井復太郎と都市社会学―奥井都市論と都市社会学の成立―」『地域社会学会年報・第一〇集、シティズンシップと再生する地域社会』ハーベスト社、一九九八年、一六五頁。熊田俊郎「奥井都市論と都市社会学」川合隆男、藤田弘夫編『都市論と生活論の祖型―奥井復太郎研究―』慶應義塾大学出版会、一九九九年、二八頁。
(56) 田中重好「奥井復太郎の都市論―理論と実証と政策・計画の間―」川合隆男、藤田弘夫編『都市論と生活論の祖型』慶應義塾大学出版会、一九九九年、一六一―一八二頁。
(57) 秋元律郎「一九二〇―三〇年代における日本の都市研究」倉沢進先生退官記念論集刊行会編『都市の社会的世界』UP制作センター、一九九八年、一七頁。

第三章

群集の登場

1　民衆騒擾の時代

一九〇五年九月五日、ポーツマス講和条約締結反対を契機として発生した日比谷焼討事件は、たんなる暴動というには、あまりに衝撃的であり、また歴史性をもつものだった。それが衝撃的だったというのは、この事件が、都市民衆を政治の次元に登場させた画期的な性格をもつだけでなく、大正政変をとおして一九一八年の米騒動まで続く都市民衆運動の象徴的な性格をもつからである。

その点、日露戦争下の増税への不満が講和条約への不満のかたちで暴発したこの群集行動は、その後の閥族打破と憲政擁護をかかげた運動、そして米価引き下げをめぐる米騒動という、いわば一連の運動の前駆としての位置づけをもつ。しばしばこの事件が、近代日本史において、街頭行動というかたちで民衆の政策への異議申立をしめした「騒擾」として再評価を求められてきたのは、こうしたところにある(1)。

このとき禁止された大会の会場・日比谷公園に集まった民衆は、終了後、街頭になだれ出て警官と衝突し、さらに警察署、警察分署、派出所、交番をつぎつぎと破壊、焼き払い、また外務省、国民新聞社を襲って暴動化していく。しかしそれは、けっして組織化されたものではなかった。そこにみられたのは、「騒動に参加する主体としての意識はみられず、自己のもつ不満の正当化の主張もない(2)」群集だった。

たしかにそれは、権力の側からすれば、暴徒でしかなかったし、また騒乱以外のなにものでもなかった。しかしその政治的な意味は、すでに為政者の理解を越えていた。街頭に躍り出た都市民衆の騒擾は、その後も民本主義や運動との関連のなかで、それまで考えられなかったようなうねりを形成していく。

もちろん組織や指導者も計画をもたないまま発生したこの民衆騒擾は、その衝撃の大きさにもかかわらず、すぐさま問題の重大性が読みとられたわけではない。またその政治的意味を探る視点と作業も、限られたものだった。

しかしあらたな民衆の登場を目の当たりにしたとき、おぼろげながら誰しもが、そこにあたらしい時代の足音を聞きとらないわけにはいかなかった。そして大正政変を迎えたとき、政治の文脈のうちにあらわれた「群集」は、はっきりと時代認識を求めながら問題を投げかけていくことになる。

樋口秀雄（龍峡）に『群衆論』（一九一三年）の筆をとらせたのも、こうした現実にあった。樋口は、そこで触発された契機について、こう吐露している。

それは、「講和談判の終結の際に於けるが如き場合」とは異なった「政黨政派の権力争奪から生じた動搖」においても、かくも由々しき暴動というかたちをとったのは何故か、ということであり、そこに予期せぬ姿をみせた「群衆」への恐れである。

「明治天皇の御大葬儀が終つて、未だ半歳ならざる其諒闇中の大正二年の劈頭に於て政界の混亂變調に基いて群衆心理上の一大暴動を惹き起したといふことは、深く痛歎に堪へない所である」という樋口の冒頭の言葉は、こうして「近代に於ける生活上の大變動が、……一方には民衆をして神經過敏に陥らしむるの傾向を生じ、他方に於いては民衆の行動が、兎もすれば群衆心理の支配の下に趨る様子になつて來たことは、當代を通じての一般の現象である(3)」という認識につながっていく。

いうまでもなく本論の分析にもみせているように、こうした樋口の認識の基盤には、S・シゲーレ、G・ル・ボン、G・タルド、E・A・ロスなどの所説があった。彼がこれと重ね合わせるかたちで問題に対応していこうとしたことは、その叙述が群集心理を中心としながら、これらの理論をなぞるようなかたちで展開されているところからもうかがうことができる。

そしてこうしてあらたに台頭してきた群集行動と心理への関心は、問題意識として樋口じしんの使命感と結びついていく。その道は、つまるところ「政府も國民も共に能く群衆心理の利害を明かにし、其の統御の方法を熟知し、相共に協力して群衆心理の弊を受けざる眞の輿論を形づくり、之を基礎として國家の政策を遺憾なく行はしむること[4]」へと導かれる。

おそらくこれは、その後、社会学界から政治に身を移し、憲政会に所属することになる樋口にしてみれば、自己の信条と密接に絡み合ったものだったともいえよう。しかし彼が、「現代は群衆の世である[5]」というとき、それがル・ボンの言葉をそのまま引き写したものであったとしても、樋口じしん、そうした時代認識を共有していたことは間違いないといってよいだろう。

ちなみに日本では、比較的早い時期に武井悌四郎が、『社會』に論説として「ルボン氏の民族心理學」（一九〇〇年）をあらわしているが[6]、しかしこれは民族心理にたいする紹介であり、群集心理にたいする言及はない。そしてその後も、群集にかんする研究の動きは社会学の領域ではみられない。

その点、群集にたいする関心がたかまったのは、樋口の『群衆論』にも端的にみられるように、やはり大正期に入ってからのことだったといってよい。なおル・ボンの『民族發展の心理』（*Lois psychologiques de l'évolution des peuples*, 1894）と『群衆心理』（*Psychologie des foules*, 1895）が、大日本文明協会によって『民族心理及群衆心理』として刊行されたのは一九一五年のことである。このとき出版の労をとった本野一郎であるが、その「序」にもみられるように、彼をつき動かしたのは、あらたな地殻変動によって揺れ動く時代への応答であった。

もちろんそれが翻訳作業であるかぎり、ここで本野は、ル・ボンの紹介について多くの頁をさいている。しかし彼がル・ボンの民族と人種論から得ようとしたのは、「世界諸民族の間に於て、我日本國民の占むる地位又將來に於て占むべき地位は、抑ゝ如何ぞや」[7]という思いであった。そして群衆心理にたいする認識に求めたのも、樋口と同じように、あくまでも国体維持の方策にあった。

「新思潮は滔々として全國に氾濫し、……政府は立憲政體を創設するの已むを得ざるに至れり。これ決して當時に於ける爲政者の好事的政策にあらずして、實に國民的群衆の一般思潮の所產なり」。この認識に立つとき、群衆にたいする彼の理解は、「爲政者たるものは、社會に於ける事業が、善惡共に群衆の力に依りてなさるゝものなるの眞理を忘るべからず」[8]としていうかたちをとることになる。

いうまでもなくこうした群衆への対応は、国民統合のための制御を根底においている点で、その性格を都市無産大衆の抵抗運動の一形態とみる立場とは対極に立つものだった。そしてそれが、あらたな都市中産階級を中心とした護憲運動や、米騒動を契機として高揚していく普選運動、および労働争議の激発という一連の運動に直面したとき、そこではこれに対応する統治機構の再編が求められていくことになる[9]。

もちろん樋口たちが、こうした事態の進展をどれだけ見抜いていたかは別である。しかしル・ボンをはじめとする群衆論によって時代認識を獲得し、またあたらしいかたちの都市民衆の騒擾を目の当たりにしたとき、彼らがここできわめて現実的な課題として受けとめていく手だてをえたことは疑いえない。

おそらくその点では、こうした一連の都市民衆の騒擾とならんで、ロシア革命のあたえた影響はけっして小さなものではなかった。そして一九二〇年代に入ってから、さらに組織化と展開をみせる労働運動と農民組合の結成といった局面のなかで、群衆の動向にたいする認識は、さらにさし迫ったものとなってくる。そうしたなかで理論的な未熟さと現状分析の観念性を引きずりながら、群集論は現実と対応していかなければならないことになる。

2　民本主義と群集と知識人運動

ではこうした現実をめぐって、当時、大正民本主義の動きに呼応した知識人たちのしめした時代認識とは、どのようなものであり、また彼らはこれにどうのぞんでいったのだろうか。

おそらくこうしたなかにあって、社会学でもっとも多彩な理論を展開していったのは、米田庄太郎だったといってよい。これは、彼の「精神分析と群衆心理」（一九二三年）、「群集心理と精神分析」（一九二三年）をはじめとする群集論や、現代文明あるいは現代人の心理にかんする数多くの論稿から読みとっていくことができる。[10]

もちろんこれは、彼の社会学的な立場と、けっして無関係ではなかった。米田じしん述べているように[11]、当時、彼が社会学の方法として心理学的なアプローチを重視する姿勢をとっていたことを考えるならば、かならずしも時代の趨勢のなかで問題としていっただけとはいえない。というよりは現代人の心理につよい関心を寄せ、また都市の動向と思潮にも幅広い接近を試みてきた米田としては、群集および社会運動への関心は、むしろそうした彼じしんの社会学的立場のなかでひき起こされたものだといってよいだろう。

しかしそれにしても、米田ほど都市文明にたいする広い視野と問題意識のもとで群集をとり上げていった社会学者は、他にはいなかったといってよい。彼の『現代人心理と現代文明』（一九一九年）は、その問題意識をもっとも色濃くしめしたもののひとつといえよう。そしてそこに収められた論稿のなかで、現代人の心理を視点に据えた米田の立場をもっともよくしめしているのが、「現代文明國に於ける演説の勢力＝群集心理と公衆心理」である。

たしかにここで彼が試みているのは、当時ひろく論議されていたル・ボンとタルドの理論にある。しかし米田がそのなかでタルドへの批判的な立場をつよめていったのは、なお現実に増大をつづける群集の直接的な行動と力にあった。もちろんここで彼は、群集と公衆の概念的な区別を認め、また公衆の登場を現代に特有な現象としてとらえるタルドの主張に異論を唱えているわけではない。しかし現代を群集に代わる公衆の時代だとするタルドの立場には反対する。

米田は、タルドの主張を「現代に於ける群集の勢力の衰退を意味するものと解するに於いては、余は右の観念は穏當でない(12)」という。そして群集の力が、以前にもまして増大しているとみる。ここで彼がその理由としているのは、第一には、都市の増大と都市人口の増加による人口の集中現象であり、第二は、これによってうまれる都市生活の産物としての現代文明の精神的特徴である。

こうして彼は、現代文明の根底にある性格を都市文明とよんだうえで、つぎのようにみている。「今日の大都市に於ける人口の密集状態は、大いに群集に近きものにして、吾人は之を準群集状態と見做すことも出來る」。そして交通の発達、都市における日々あたらしい刺激は、「人々の群集する機會が大いに増し、……此くて現代文明人は以前の時代の人々よりも、一層多く群集する傾向を具へて居り、又實際に於いて以前の時代に於いてよりも、一層多く群集して居る(13)」という。

こうした理解にたったうえで、米田は、演説・集会・決議・請願など輿論の形成と表現の手段としてあらわれるいわゆるプラットホーム、および示威運動などの直接行動のもつ効果を、群集の増大傾向の動きのなかでとらえていく(14)。ここで米田の認識の底にあったのは、「新聞雑誌等によりて行はれる、公衆運動は、輿論を實現する力に於て、演説によりて行はる、群集に劣る所がある」ということであり、都市社会では、感情や興奮の度合いにおいて、「公衆の力は群集の力に劣る處があるが爲め(15)」だということにあった。

こうした米田の群集への接近が、現代の都市社会の心理現象にたいする分析と関連したものだったことはいうまでもない。そして同時にそれは、大正期に噴出する都市民衆のさまざまな行動と運動に触発された認識でもあった。

しかし米田にとってさらに問題だったのは、このような現実のなかで社会運動への視座を設定していくとき、そこに大きくあらわれてくる新中産階級の動向だった。そして民本主義運動につよい関心をもって臨んだ米田にとっては、これを支える知識階層の意識と行動は、群集以上に度外視できない問題だったといってよい。

「夫れ智識階級と社會運動との關係は、現代社會及び現代文明の發達を深く社會學的に理解せんとするに當つて吾人の先づ注目す可き最も重要なる根本的一問題である」[16]。『現代智識階級運動と成金とデモクラシー』（一九一九年）におさめられた論稿は、いずれも一貫してこうした認識をしめしている。いうまでもなくそこには、この知識階級を生み出した新中産階級の増大という現実があった。

しばしば指摘されているように、大正期に入ってからの新中産階級の増加は著しく、一説によると一九二〇年（大正九年）前後には、ほぼ全国民の七～八パーセントに達しただろうともいわれる[17]。もちろん中産階級をどのように規定するかによって、その比率は大きく変わってくるし、また統計的に算定することは難しい。しかし日本の資本主義が確立期を迎えたこの時期に、激しい労使の対立と同時に、増大するあたらしい中産階級が政治の舞台に押し上げられていったことは否定できない事実であった。

当時、中産階級論が社会学の領域において、ひときわ大きな話題をなしていたのは、このためである。そうしたなかで米田は、きわめて精力的にこの問題にとり組んでいくことになるが、しかし彼はこれをたんに階級として問題にしようとしたわけではなかった。彼の関心は、あくまでもこうした新中産階級を基盤として生み出された知識階級の行動と、そこに形成されていく運動と性格にあった。

そしてそれは、とくに日本の現状においては、決定的な意味をもつとみる。「我國今日の狀態に於ては、智識階級問題は當面の社會問題として勞働者問題以上でなくとも少くも之れと同等に重要視す可きもの[18]」と述べているのは、中産階級の増大を現代社会の特性としてとらえると同時に、日本のばあい、これを基盤とする知識階級の役割が、大衆運動や労働運動をとらえていくうえで不可欠だと考えていたからである。

ここに新中産階級の台頭にたいする米田のただならぬ思い入れがある。彼は、これをたんなる日本資本主義の発達にともなう現象として接していただけではなかった。たしかに彼は、これが現代社会をとらえていくうえで、決定的な意味をもっているとみている。しかしそれ以上に彼の関心をしめていたのが、この中産階級を母体とする知識階級の社会運動にはたす役割であり、位置づけだった。

米田は、日本の社会運動をとらえていくうえで、これを決定的なものとみる。そしてそこには、大正民本主義のもとで展開する労働運動の現状と知識人の運動にたいするつぎのような認識があった。

「歐米に於ては一般に勞働者運動が先づ發達し、而して後に智識階級問題が之れに附隨して起つて來たのであるが、我國に於ては是れと反對に、先づ智識階級問題が一層切迫せる問題として起つて來て居るのではあるまいか。少くとも智識階級問題と勞働者問題とが同時に起つて來て居ると云ふことが出來る[19]」。

ここで米田をとらえていたのは、後発的な資本主義の形成過程をとっている日本では、その変化は急激かつ同時的な現象の発生をみざるをえず、段階的な変化をまつことはできないという認識であり、そうした現実のもとでの問題の把握にあったといえる。彼が、「歐洲に於ては順序を追うて發達せる諸種の社會問題も我國に於ては一度に起つてきて居る観がある」という現実を重視するのは、そこにある。

おそらくこうした立場から社会運動の展開をはかっていくとき、米田にとって避けることができないとみえたのが、知識階級の運動の先行的な役割だったのだろう。そしてそれは、つまるところ「先づ智識階級運動を相當に發達させ而して之れに伴うて労働者運動を發達させ、以て両者の合同運動の發達を圖ることが、今日の我國の狀態から見て吾人の執るべき適當なる方針ではあるまいか[20]」という主張となってあらわれてくる。

もっとも米田は、都市社会の特性とみる群集化とこうした社会運動の展開が、どのようにかかわっているのか、彼じしんしめすことはなかった。しかしそれが、まったく切れたものとして問題とされていたわけでなかったことだけは疑いない。

そしてここであくまでも課題とされていたのは、米田のいう「調和社會的民本主義」の実現にあり、そのための政治的環境の整備にあった。彼が「大正時代の使命」とよんでいるのも、そうした性格をもつ政治的民本主義の実現によってなし遂げられると考えられることになる。

「吾人大正人は……偉大なる事業を承け繼ぎ新しき世界の大勢に順應して更に一段の大發展を試みねばならぬが、夫れが爲には政治的民本主義を完成し、且つ之れを充たすに調和社會的民本主義の實質を以てせねばならぬ。今日の世界の大勢は我國の政治的民本主義の完成と調和社會的民本主義の發達とを促しつつあるので、吾人若し之れに順應しないならば明治時代の偉業を損傷するかも知れない……而して政治的民本主義を完成するとは卽ち先づ普通選擧法の實行を意味し、調和社會的民本主義を發達させると云ふは卽ち社會政策の實行を意味する[21]」。

そして彼は、こうした民本主義を実現するための二条件をあげた後、「是れ以上を要求する思想は危険であるが、併し之を妨害する思想の亦甚だ危険である[22]」という。

こうしてみると米田にとって、知識階級運動の労働運動にたいする先行的役割は、調和社会的な性格をもつ民本主義の実現にとって欠かせないものであるだけでなく、直接行動に触発される群集の登場にたいして十分に備えるうえからも、不可欠な条件とみられていたといわなければならない。彼が、本来、世論の形成の担い手としての公衆の役割に大きな期待をしめしながらも、現実においては、しばしば群集の力がこれに優ることを指摘してきたのは、穏健な政治の改造をめざすうえで、群集の暴発的な登場を抑えることが必須の要件と考えられたからだといえよう。

　このように米田においても、また群集と社会運動は、大正という時代背景をもつことによって、政治的な課題と結びつきながら展開していくことになるが、しかし群集にたいする関心は、大正という時代が幕を下ろすとともに退場してしまうわけではない。むしろその余韻のなかで、あたらしい問題を組み込みながら、継続的に姿をあらわしてくることになる。

3　群集と「統制」

　大正デモクラシーという時代経験のなかで、群集と知識人の問題をたずねていくとき、おそらく米田とならんで、社会学者のなかでその立場を際立たせているのは、新明正道だといってよいだろう。

　民本主義の熱気が冷めつつある一九二〇年代の末に、新明正道『群集社會學』（一九二九年）が世に出ている。もっとも序文には、四年前に書いたまま筺底にとどめておいた原稿だとあるから、ちょうど大正から昭和に時代が移る頃の作品だとみてよいだろう。

　新明もまたここで「群集は恐るべきかくれた力である。そのかくれたるが故に、一層その害は甚だしい。我等の社會は自己の社會として完成するためには如何してもこの現象と闘はねばならぬ(23)」と、その潜在力に危惧の念を隠していない。そして群集の問題がたんなる理論的な関係からだけでなく、つよい時代認識と現実からの問題の投影としてあらわれている点でも、米田のばあいと共通する。

その意味では、新明にあっても、時代背景を除いて、その群集論を考えることはできないし、むしろそこには濃厚に現実にかかわる問題意識とこれにたいする彼じしんの政治的意思が、隠すことなく表明されている。

それは、海外でこれまで描かれた群集の行動が、もはやロシア革命にはじまる政治的動乱のなかで、抽象的な把握を許さない現実として認識を迫り、時代の前面に押し出されてきたところにある。この認識は、新明においても変わることはない。これは彼が、群集の社会学的な分析に向かうにあたって、まず巻頭で、「我等は群集を近代的産物とのみ見る見解は斥けるが、その歴史的意義が特に現代において高まつたことは認めるに躊躇しない」といい、さらに共産主義や反動主義のそれと相交錯するかのように「群集の幽霊は到るところに出没している」といった言葉をぶつけているところにも顕著にあらわれているといえよう[24]。

いずれにせよ未知の群集をかかえ込んだ都市が、ここで少なからぬ政治的変革の意欲をもって民本主義の運動に接してきた研究者にとって、目を背けることのできない対象だったことはいうまでもない。そしてこのように接してきた現実のなかで、新明もまた「米騒動と震災の暴衆」に出会い、また関東大震災によってひき起こされた暴挙を目の当たりにする。その衝撃は、あまりにも大きなものだった。

ここで新明は、「誠にこの暴動は我國において近時無比の廣袤にわたり、大正における典型的なる群集現象たるものである」という。しかし彼は、これをたんなる群集行動として観念的にとらえていたわけではない。ここで彼は、関東大震災における「鮮人襲來の恐怖に基づく兇暴と、主義者に對する殺害的迫害」を、激しい危機感をもって受けとめていく。そしてこれを「群集的事變」としてとらえ、「大震火災時の騒擾は全く群集の典型的なものであつたといふも不可はない」とみる[25]。

その認識と恐れは、とくに関東大震災にさいして虚報と流言にもとづく朝鮮人殺害に接したとき、極限にたっする。

そして同時に、大杉殺害、および官憲による社会運動家の殺害事件にたいしては、きびしい態度をもってのぞんでいる。

「新人会」の積極的なメンバーの一人として民本主義の運動にかかわってきた新明にしてみれば、こうした事件の発生は、たんなる群集心理という次元でだけとり上げられる性格の問題ではなかった。その点では、新明のばあいには、米田よりもはるかに群集の認識において、急進的だったといってよいだろう。山本鎮雄の表現をかりるならば、そこには理論社会学者としての新明と同時に、同時代の混迷を深める社会状況、とくに政治状況の危機を警告する時評家としての新明の顔があらわれているといってよい[26]。

「組織改造の企圖が社會運動によつてのみしか實現できないものとすると、群集の絶滅を圖るには、先づ先決條件として社會制度改革の運動を推し進めることが必要とされて來る。群集論の歸結がここにいたるのは、意外であるかも知れぬ。しかしこれは必然的なことである。現在の政治は閉塞された塔として立つてゐる。それは時代の要求を聽くことの出來ない構造をもつてゐる。群集を生ぜしめる最大の原因をなすものが、政府自身であるといつてもいいのである[27]」。

そしてこのように群集の噴出の原因を、政治の閉塞状態に求めていくとき、新明の「群集解除の方法と窮極の問題」は、政治改革の必要とこれにたいする政府の姿勢にたいする批判として、熱っぽく繰り広げられていく。

つまり彼がここで問題にしようとした群集は、あくまでも政治の閉塞状態によって鬱積した大衆としての集団だったのであり、そのかぎり群集の問題は、たんに心理の分析にとどめられてはならないものだったのである。彼が、「群集なるものが必ずしも頭から抑壓されるべきものでな」いといい、群集の問題は「社會組織の缺陥にある[28]」ことを強調しているのは、このためである。そしてそれは、つぎのような政治改革の意図をつよくこめた結語となってあらわれる。

ここで新明は、「民主政治は人民にかなりの自由を與へた。それが悪いのではない。もつと與へることが必要なのである。我等は之によつて初めて群集の危険から免れることが出來る」といい切ってはばからない(29)。

つまり一言でいえば、米田にあって、群集が知識階級運動によって先導された社会運動のもとで統御されることが期待されていたとするならば、新明にあって求められていたのは、政治制度の改革そのものによる群集問題の解決だったといってもよいだろう。そしてそれは、両者がいずれも大正民本主義運動と、都市民衆の騒擾の現実について認識を共有しながらしめしていった対応の道だったといってよい。

もちろん群集論じたい、こうした道筋で展開をしめしながら、ただちに社会学の分野において政治性をもって問題とされてきたということではない。理論的な検討においても、群集論は、群集の概念規定、歴史像、さらに群集の特徴、組織、過程について展開をしめしていく。そして理論的にも、その検討は心理学的な領域からG・ジンメル、A・フィーアカント、L・フォン・ヴィーゼ、T・ガイガーをはじめとする社会学的な領域に向けられていく(30)。

しかし時代は、けっして米田や新明が向かおうとした方向に進むことはなかったし、また社会学者たちが抱いていた関心領域に、その研究の拡大を許すことはなかった。またその状況にもなかった。

とくに一九三〇年代に入り、プレ・ファシズム期を迎えた日本が、その後、満州事変から太平洋戦争の集結までのいわゆる一五年戦争の道のりのなかで求められてきたものは、群集の問題にはなかった。研究は、群集そのものを去り、群集にたいする理論的な関心は、ますます周辺に押しやられていく(31)。

そして反転して問題の場に据えられたのが、「統制」であった。

この時期に、統制をつよく視野に収めたひとつの作品があらわれている。一九三七年に刊行された今井時郎『群衆社會學』である。これは今井の著となっているが、内容は山室周平、三崎敦、米林富男、及川宏、横江勝美、加藤虎太、赤坂静也、安西文夫を執筆者に迎えた合作としてなされたものであるところから、当時の群集にかんする社会学研究が抱えた問題と理論的水準をしめしているといってもよい。

もちろん今井にしても、一方的に統制の問題だけを主張しようとしたわけではない。しかしここで今井の群集理論の土台となっていたのは、「集團狀態的に考察すれば、群衆より國家へ國家より民族へ、民族より群衆へ、而して再び群衆より國家へと螺旋的變移過程があり、集團機能的に考察すれば混沌化より制度化へ、制度化より慣習化へ、慣習化より混沌へ、而して再び混沌化より制度化へとの螺旋的變移過程が存する(32)」という粗雑な前提にすぎなかった。そしてそこで彼を導いていたのは、あくまでも「國家向上の計劃は原則として群衆を破壊的力として除外する(33)」ことを目的とした大衆の制御であった。

「群衆時代は輝かしい新時代の産みの悩みの時代であると共に、又悲しむべき社會衰滅の晩鐘期でもあり得る。社會を導いて前者に嚮はしむるか、将た又後者に嚮はしむるかは一にかかりて群衆社會學の理論と實際に在るといはねばならぬ(34)」。

こうした彼の問題意識は、この作品が「群衆の社會化」の章を結びとしているところにも、はっきりとあらわれている。ここで彼が社会化とよんでいるのは、群集の非社会的な本質を社会的なものにしていくことをさす。そのさい今井は、反社会的な群集にたいしては警察力や軍隊の力によって制圧ないし絶滅するのは当然であるという。しかしそうした群集も教化ないし馴致することによって正常な社会の構成員に戻すことは、不可能ではないと主張する。これが彼のいう「群衆の馴化と教化」である。

つまり今井じしんの言葉をもってすれば、「夫々の社會に相應はしく全體的統制的に群衆を馴化教化しつゝ、其の有機性を高めてやがて其ものとして高級なる社會的實情を具へつ、又其を含む全體社会の有機的部分として完全なるべく」方向づけるというのが、ここで群集論をささえる基本理念だった。[35]

そして今井は、この社会化の具体的な方策は、個々にたてられなければならないとしながらも、思想と行動の「集團的訓練」を強調しているところをみると、[36]集団統制による秩序維持を目的としていたことは疑いえない。すでに群集論じたいが、統制社会の枠内でしか論じられなくなってきたことのあらわれだともいえよう。

〔注〕

(1) 鹿野政直「民衆的諸運動と統合様式の修正」鹿野政直、由井正臣編『近代日本の統合と抵抗』第三巻、日本評論社、一九八二年、一〇一—一一五頁。
(2) 成田龍一「都市民衆騒擾と民本主義」同上書 四〇頁。
(3) 樋口秀雄（龍峡）『群衆論』中央書院、一九一三年、「序」一—二頁。
(4) 同上書 二七三頁。
(5) 同上書 一頁。
(6) 武井悌四郎「ルボン氏の民族心理学」『社會』第二巻第拾五號、一九〇〇年、一六—二五頁。
(7) G・ル・ボン、大日本文明協会訳『民族心理学及群衆心理』文明書院、一九一五年、「序」八頁。
(8) 同上訳書「序」一五—一六頁。
(9) 成田龍一 前掲論文 五九—六二頁。
(10) 米田庄太郎「精神分析と群衆心理」『改造』第五巻新年號、一七二—一九〇頁、一九二三年、同 第五巻二月號、四五—五二頁、一九二三年、同「群集心理と精神分析」『日本社會學院年報』第一〇年、第三、四、五合冊、一九二三年。
(11) 中久郎『米田庄太郎—新総合社会学への先駆者—』東信堂、二〇〇二年、七頁。
(12) 米田庄太郎『現代人心理と現代文明』弘文堂書房、一九一八年、九一—九二頁。
(13) 同上書 九三—九四頁。

(14) 同上書　一一八―一一九頁。
(15) 同上書　一一六―一一七頁。
(16) 米田庄太郎『現代智識階級と成金とデモクラシー』弘文堂書房、一九一九年、九八頁。
(17) 南博編『大正文化』勁草書房、一九六五年、一八三頁。
(18) 米田庄太郎『現代智識階級運動と成金とデモクラシー』三頁。
(19) 同上書　一六六―一六七頁。
(20) 同上書　一六六―一六七頁。
(21) 同上書　二三四―二三六頁。
(22) 同上書　二三六頁。
(23) 新明正道『群集社會学』ロゴス書院、一九二九年、三〇頁。
(24) 同上書　三―二一頁。
(25) 同上書　一二八頁。
(26) 山本鎮雄『時評家　新明正道』時潮社、一九九八年、八一頁。
(27) 新明正道　前掲書　二六六頁。
(28) 同上書　二六三―二六四頁。
(29) 同上書　二六六頁。
(30) 同上書　二八九頁。
(31) 長谷川万治郎（如是閑）「群現象と社会結合」『社會學雜誌』第二五號、一九二六年、一―二二頁、小山隆「輿論の生成に就いて」同上、第五號、一九二四年、四七―六六頁、今井時郎「群集、群集と國家及民族」『年報・社會學』第二輯、一九三四年。
(32) 今井時郎「群衆、群衆と國家及民族」二〇〇頁。
(33) 同上論文　二一五頁。
(34) 今井時郎『群衆社會學』高陽書院、一九三七年、一五頁。
(35) 同上書　三一二頁。
(36) 同上書　三〇八―三一〇頁。

第四章

転換期の時代認識と文化社会学

――一九三〇年代の応答――

1　自己確認の作業

日本における文化社会学への関心は、たしかにはじめはきわめて断片的だったといってよい。また一九二〇年代後半の動きのなかでも、文化社会学や知識社会学にたいする認識は、部分的なものにとどまっている[1]。その点では、A・ヴェーバーの文化社会学や、K・マンハイムの歴史主義的知識社会学が受けとめられていく土壌は、けっして十分なものだったとはいいがたい。

周知のように、この時期にドイツを包んでいたのは、きびしいイデオロギー対立と方法論をめぐる論争であった。一九二四年の第四回ドイツ社会学会大会でのM・アドラーとM・シェラーの「学問と社会構造」をめぐる論議の根底にあったのは、まさにそうしたなかでのマルクス主義と現象学的知識社会学との対決をしめすものだったし、また翌一九二五年にだされたマンハイムの「知識社会学の問題」は、歴史主義の立場から現象学的知識社会学に向けられた方法論論争の性格をしめすものであった。そして一九二八年の第六回ドイツ社会学会大会で、マンハイムの報告「精神的なものの領域における競争の意義」が大きな反響をもって迎えられたのも、こうした緊張にみちた状況のなかであった[2]。

これを思うと日本での受容のあり方は、いささかもの足りなさを感じさせないわけではない。しかしそれは、けっして日本の社会学が、十分にこの動向をつかみえていなかったということではなかった。ましてやワイマール期ドイツの孕む激しいイデオロギー対立から目を逸らしていたということでもない。またもっぱら形式社会学から文化社会学への移行という文脈でのみとらえてきたわけでもない。

これは、A・シェルティングの論文紹介にあたって、岡田謙の「知識社會學の基本問題」（一九二九年）でしめされた意識にも端的にあらわれている。ここで岡田の目に映っていたのは、「近時ドイツの社會學界を頓に賑せつ、あるものは、文化社會學、更に之と密接に關聯して知識社會學等の名前を以て呼ばれる學的關心の勃興」であり、「従來、科學の方法論主義形式主義に終始することに不滿を感じて居た人々は、戰後、關心を新にしたマルクス主義の觀念形態論に刺戟されて、科學的知識の階級性、普遍妥當性の問題を盛に論ずるに至つた[3]」という状況だった。

このような知識社会学をめぐる時代認識と問題意識は、社会学だけではなく、ひろくイデオロギー論の領域で論議をひき起こしてくることになる。いうまでもなくこれを触発していったのが、マンハイムの『イデオロギーとユートピア』（一九二九年）だった。

こうして知識社会学は、方法論のうえだけでなく、改めてイデオロギー批判というかたちで受けとめられていくことになるが、その問題性を、いちはやく指摘したのは、戸坂潤だったといってよいだろう。一九三〇年に『思想』に発表された彼の「知識社會學とイデオロギー論—歴史と論理の必然的關係について[4]—」は、ある意味では、その後の知識社会学をめぐる展開をみていくとき、そこに内在する問題性をきわめて尖鋭的なかたちでしめしているということができる。

そしてそれが、なによりもマルクス主義との関連のなかで問題とされてきたことは、もっぱら知識社会学がイデオロギー論として意識されてきたことをしめしているといってよいだろう。知識社会学が、このようにイデオロギー批判を引きずりながら展開されていったことは、日本における初期の知識社会学の研究をみていくとき、まず目を向けておかなければならない問題だといわなければならない。

そしてこのような動向を背景として日本における知識社会学の研究の展開をみていくとき、とくに注目しなければならないのが、戸坂を含めて樺俊雄、佐藤慶二、武田良三、坂田太郎、本田謙三、湯浅興宗、岩崎勉といった若い在野の哲学者と社会学者によってはじめられた「社會學研究會」だといってよい[5]。

この研究会は、後に改めて述べるように、一九三一年から『文化社會學研究叢書』を刊行していくが、戸坂が「唯物論研究會」を結成するまで、知識社会学の組織的な導入とともに、そのイデオロギー論にたいするきびしい理論的な対応をしめしながら、時代と向き合っていくことになる。

ここで彼らが目指していたのは、いうまでもなくこれまで現実遊離性をもつとされてきた形式社会学からの脱却にあった。これは、『文化社會學研究叢書』第一輯の「序文」に「思い出せば、大戦以來の社會的不安は、数多なる社會學的問題を提出したるに拘らず、社会學は何をなしたか[6]」という一語に、象徴的にあらわれている。

ここで彼らが試みようとしたのは、文化社会学を触媒として、「文化と社會的存在の關連、文化諸領域の關連と社會との連繫を研究し」、これによって、「……社會學本來の要求である社會的現實の現實的なる把握[7]」をなし遂げようとしたところにある。その作業にあたって、なによりもつよく意識されていたのが、イデオロギー問題であり、社会学の現実化にあった。

それは、歴史へのつよい緊張感をもって現代と向き合うことを求め、またイデオロギー問題を主題に取り込んでいった知識社会学としてみれば当然のことであった。またそのさいマルクス主義との応答が避けえられないかぎり、これへの批判的立場を招き入れていったのも、予想されたことだったといわなければならない。そしてこうした意図に導かれて知識社会学に接近していったのは、けっして社会学研究会のメンバーだけではなかった。

むしろそれは、つよい時代への危機感をもって、渦巻く思想の流れに身をおき、現実と向かい合っていた社会科学者や哲学者にとって、共通する問題意識だったといってよい。その点では、後に述べるように『知識社會學の諸相』（一九三二年[8]）に理論的な凝集をみせる新明正道の立場にも、イデオロギー批判は色濃くあらわれてくることになる。

そして同時に忘れてならないことは、ドイツ社会学の発展に忠実に寄り添ってきた当時の日本の社会学の動向をみていくとき、形式社会学批判から文化社会学への歩みは、ひとつの約束された道筋だったとしても、これをつき動かしていったのは、現実遊離の理論に安住する既存の社会学にたいする不満と苛立ちにあったということである。

このとき岩崎卯一の「講壇社會學の惱み」（一九二八年）が、鋭い批判をもって報いたのも、この現実にあった。ここで彼は、既存の社会学理論にたいして、「無情なる時の進行は、……社會學者たちが終生失はなかつた情熱を稀薄ならしめた。……流動せる人間の歴史社會一般の解明者たる抱負を失はず、且つ、社會改造の情熱に燃ゆる使徒として生の意義を感ずるがごときはその後の社會學者たちにとつては、ほとんど不可能となった[9]」という。おそらくその思いは、多くの社会学者が共有できるものだっただろう。

いうまでもなくその主張の底にあるのは、社会学の現実遊離にたいするつよい危惧の念であった。そしてそれは、一方において、すでにみてきたように、イデオロギー批判を含む知識社会学への関心をよぶとともに、他方、その現実指向性に支えられた試みは、あらたな文化社会学の動きを触発していくことになる。そしてそれは、かならずしもドイツ文化社会学の受容といったかたちでだけあらわれてきたわけではない。

そこに据えられた目線は、さらに反転して自己の文化認識に向けられていく。現在では、ややもすると無視に近い扱いを受けているが、こうした現実への志向性に支えられた社会学のみせたものが、日本文化の自己確認という作業だった。そしてそれが、文化社会学という領域に拠り所を求めてきたとき、自己の文化への回帰と認識を求める動きを加速させていくことになる。

そのひとつが、鬬榮吉の『文化社會學概論』（一九二九年）に典型的にあらわれてくる独自の文化社会学の試みである。もちろんその背後には、すでに若宮卯之助たちによってなされてきた日本社会学への提唱があった[10]。そこに潜む問題意識を、文化社会学のかたちで構想していこうとしたのが、闢だったといってよい。

いうまでもなくこうした立場にたつかぎり、闢にとっては、ドイツ文化社会学の理論的な導入は、第一義的な問題とはなっていない。これは、彼が文化社会学を構成するにあたって、W・ディルタイ、M・シェラー、マンハイム、O・シュペングラーにたいして言及しながらも、目的がそこになかったことにあらわれている。ここで闢にとって主題となるのは、こうしたドイツ文化社会学の検討を、自己の文化確認に向けることによって、日本独自の文化社会学の確立に向かう道筋をうることにあった。

つまりその認識の基礎にあるのは、「現代歐洲殊に獨逸の文化社會學の動機は自己懐疑にある。しかるに、現代日本の文化社會學の動機は正に其の反對に自己意識に存する」[11]ということでもある。

こうして闢においては、「自己意識を動機とする日本社會學」をめざす文化社会学の樹立が急がれることになるが、それはとりもなおさず「自己の文化を観るべき自己の眼を開かんとする要求を以て興つたもの」[12]でもあった。その構成にあたって、彼の重視したのが、文化の国民性であり、そこで例証として求められたのが、日本文化史である。

たしかにその理論には、いささか短絡的な構成がみられないわけではない。またその裏には、日本独自の文化的伝統のうちに改造思想の理論的具体化を図ろうとする意図がはたらいていたともみえる。しかしその意図のなかに、文化の歴史的認識をとおして、日本社会学に向かう射程がはっきりと用意されていたことは間違いない。

そしてこれと同じ文脈で語ることはできないとしても、文化社会学を媒介として日本文化への接近をはかろうとしたところでは、蔵内數太の試みも、またその動きのなかでとらえることができる。

もちろん蔵内のばあい、闢とくらべて、シェラーとマンハイムの知識社会学にたいする周到な理論的検討がなされている。そして蔵内にあっては、方法論のうえでは基本的にG・ジンメルの心的相互作用、T・リットの視界の相互性、およびシェラーの全体的経験の観念を基盤とする現象学的な傾向がとり入れられており、彼の文化社会学を支えていく。ここで彼の主張の基底にあるのは、「文化はその定在と相在と價値在とに於て、社會に關係づけて考察せられなければならない」という立場であり、「凡ゆる社會的統一の中、民族乃至國民共同社會と云はれる社會的統一は、それが文化の全面的な展開の場所である意味に於て、文化社會學にとり特別の重要な意義を有する(13)」というところにある。

そのさい知識社会学の具体的問題となるのが、「日本國民社會の思惟」であり、その主題として、「國民的性格においてあらわれる文化」、つまり日本の思想の共同社会性がとり上げられることになる。

蔵内の『文化社會學―日本の社會と文化―』（一九四三年）は、そうした彼の研究の全容をあらわしたものといえる。いずれにせよ闘も蔵内も、文化社会学というあらたな領域の設定のなかで、日本の社会と文化に立脚した社会学を構想し、そこで日本の精神と民族性にたいする覚醒を促そうとしたという意味では、問題意識を共有していたといってよいだろう。そしてそれは、この時期に、とくに「國民文化」の問題として、日本固有の文化的特性のうちに社会学の再構築をはたそうとした動きをみることができる。

こうしてわれわれが、文化社会学の導入と受容の問題にかかわるとき、そこに濃厚にあらわれてくるのは、西欧との同時代意識のもとに、日本の現実との二重映しのなかで文化的危機が認識され、そこに問題の設定がなされていったことである。たしかにその底流に、ドイツ社会学の動向に注がれたつよい視線があったことは否定できない。しかしその受容のされ方じたい、それぞれの社会的背景と時代経験のなかでなされたものであったかぎり、そこに独自の視点からの読み替えによる課題の設定をともなっていた。そしておそらくそれは、日本における文化社会学がみせた対応をとらえていくうえで、欠かせないものだったといえるだろう。

2　知識社会学とイデオロギー批判

ではこのように知識社会学が、つよい時代認識と現実的課題とが交差するなかで受けとめられてきたとき、どのような展開をみせることになるのだろうか。はじめにあげた「社會學研究會」の歩みは、その動きを特徴的に伝えているので、まずそこから論点を拾い上げていくことにしよう。

この会の成立に中心的な役割をはたした樺俊雄は、つぎのように回顧している。その直接の契機は、マンハイムの『イデオロギーとユートピア』（一九二九年）にあったという。「この書物が入手できるとすぐ、これを中心として研究のグループが出来た。……湯浅興宗を中心として坂田太郎、武田良三、佐藤慶二に私という顔ぶれだったが、のちには戸坂潤、加茂儀一その他の者も加わって社会学研究会が作られた[14]」。

もちろんそこでマンハイムの作品に注がれた目線は、単一のものではなかった。しかし知識社会学との接触をみていくとき、そこにみられるいくつかのかかわり方に、このときの問題関心の所在が、あざやかに映し出されてくることになる。

まずそこに鮮明にあらわれてくるのが、マルクス主義の立場からのイデオロギー批判である。その代表的な存在が、戸坂だった。その眼は、『イデオロギーとユートピア』にきびしく向けられていく。もとよりそれは、すでに「知識社會學とイデオロギー論―歴史と論理の必然的關係について―」（一九三〇年）によって[15]、マルクス主義からの文化社会学および知識社会学の批判を試みていた戸坂にとってみれば、約束された道筋だったといってよい。そこで戸坂がとっていたのは、あくまでもマルクス主義のイデオロギー論によって、全体性の概念にたつ知識社会学を克服していくことだった。

したがってこのような立場を堅持するかぎり、戸坂にとってみれば、マルクス主義のイデオロギーの克服を意図するマンハイムの知識社会学じたい、全体的綜合の概念をふりかざすことによって、みずからイデオロギー性を露呈したことになる。

つまり「知識社會學が、論理の問題を實質的に――眞僞價値の問題として――提出し得るためには、それは知識のイデオロギー論の形にまで行かねばならなかった。併しこのイデオロギー論がこの論理の問題を解き得るためには、それ自身がイデオロギー的性格を持つてかゝらねばならぬ。それは階級性を有たねばならず又持つことを自覺しなければならない」というのが、基本認識となる。したがってこのような立場にたつかぎり、戸坂にとって知識社会学は、「マルクス主義的イデオロギー的論を、如何に人々に近づけ、そして又如何に之を永久に人々の手からもぎ取つて了ふか」(16)という役割をはたすものとなる。

こうしてイデオロギー論争は、マンハイムの知識社会学を契機として、まさに地下のマグマが噴火口をみつけたように一挙に噴出してくる。このとき小松堅太郎は、『知識社會學批判』（一九二九年）のなかで、「現代は正にイデオロギイ論の氾濫時代である」といい、「曝露と非議の横行時代である」と言い捨てている。おそらく小松にしてみれば、知識社会学があえてそうした論争の中核に座をしめることへの疑問があったのだろう。

「如何なる思想に對しても、如何なる科學に對しても凡そ其の階級性を曝露せずにはやまない時代である。此の闘争のさなかにあつて、しかも此の曝露といふ政治的行動のイデオロギイ性を主張しようと云ふのが、ここにいふ知識社會學である。それは先ず獨逸に起り、漸次吾が日本の學界にも彌漫しようとしてゐる。曝露が科學の假裝を着けた政治的行動であるのに反して、知識社會學は飽迄も政治的衝動を退けて、謙虚にただ意識や知識の存在による拘束を見て行かうと云ふのである(17)」。これが小松の認識だった。

けれどもマルクス主義にとってみれば、知識社会学にたいするイデオロギー批判は、避けて通れない問題だった。ここで戸坂は、「文化社會學はイデオロギー論に歸着しない限り、文化社會學ですらあり得ない」という。つまりブルジョア観念論としての「文化社會學の終る處に、眞の文化社會學が始まる[18]」というのである。その後この会に参加する梯明秀、山崎謙も、同じようにマルクス主義からの接近をめざしていたとみられる。

しかし知識社会学への接近は、別の途からもなされていた。すでに指摘したように、樺をはじめとする歴史主義に傾斜をつよめていた者たちにとって、その関心はイデオロギー論にはなかった。これについて樺は、マンハイムにひきつけられたのが、彼の歴史主義的立場にあり、「それがまた私が社会学の研究に入る動機でもあった」と述べている。その点では、樺の関心は、はじめからマンハイムの歴史主義的知識社会学の方法論にあり、湯浅や坂田もまた、ほぼ同じ立場にあったと思われる。そして佐藤や岩崎も、知識社会学に研究の軸足をおいてはいるものの、その関心は文化哲学および文化社会学にあったようにみえる。

このような雑居性をもつ社会学研究会の性格は、この会の編集した『文化社會學研究叢書[19]』の内容をみていくと、きわめて鮮明にあらわれてくる。まず一九三一年に刊行された同叢書の第一輯『イデオロギー論』は、マンハイム「知識社會學の問題」、「イデオロギーとユートピア」(部分訳)、シェラー「知識の諸形態と教育」、およびG・ザロモン「史的唯物論とイデオロギー論」の翻訳によって構成されている。

そして第二輯『知識社會學』、第三輯『文化社會學』は、いずれも一九三二年に出されているが、これはいずれも研究会のメンバーの論文によっている。それを拾っていくと、樺は「文化社會學と歴史性」、「知識社會學と歴史主義」を、湯浅は「知識社會學の二途」を、坂田は「マンハイムの歴史主義」を載せ、これにたいし戸坂は「自然科學とイデオロギー」、「知識社會學とイデオロギー論」、「文化社會學」の三論文で、一貫して知識社会学のイデオロギー論批判を展開している。そして梯も「フランス社會學の理論形態」と題する論文で、形成期フランス社会学のイデオロギー批判をおこない、また山崎は「レーニンの文化理論」によるブルジョア文化理論批判の筆をとっている。なお武田は、はじめ「人間學の社會的形態」において、シェラーの哲学的人間学の検討をとおしてフォイエルバッハを問題にしているが、つぎには「ルカッチの文化社會學」を書いている。これは、福本イズムの徹底的な克服の必要性を感じていた戸坂が、その前提としてルカーチ批判をすすめたからだという。また佐藤は「イエルザレムの認識社會學」、および「マックス・シェラーの文化社會學」によって、ひろく文化社会学の理論の導入につとめ、岩崎は「文化哲學」の展開をはかっている。

そして早瀬利雄は、このときからアメリカ社会学に関心を寄せ、「現代アメリカ文化社會學」をテーマとしている。またこの研究会にあらたに参加した清水幾太郎が主題としていたのはコント研究であり、ここでの発表は、「コントに於ける三段階の法則」となっている。この二人は、その後、戸坂が唯物論研究会を結成するとともに、これに参加していくことになるが、やがて二人が「社会学批判」の立場を標榜し、社会学にたいするイデオロギー批判の立場を鮮明にしていくことは、よく知られているとおりである。

清水の『社會學批判序説』(一九三三年)[20]、早瀬の『現代社會學批判』(一九三四年)[21]は、いずれも両者が唯物論研究会の機関誌『唯物論研究』に発表してきた社会学のイデオロギー批判にかかわるものであり[22]、社会学研究会における研究との連続性のもとでとらえることができる。そしてこの立場は、その後、清水においては社会学成立にかかわる社会有機体説のイデオロギー暴露というかたちで、学史的研究を生みだしていくが、『日本文化形態論』(一九三六年)[23]は、その批判的立場をみごとに結実させたものといってよいだろう。

たしかにこの社会学批判の作業は、結果的に社会学のイデオロギー性にたいする批判に終始し、理論的な展開を望むことはできなかった。だが近代社会科学の一部門としての社会学のかかえる問題を、市民社会のもつ問題と関連づけて、思想史的な検討にさらしていった意味では、おそらく社会学の性格を問ううえから、ひとつの欠かせない手続きであったといわなければならないだろう。

いずれにせよこうしてみてくると社会学研究会のメンバーは、かならずしも同じイデオロギーや問題意識を共有していたわけではなく、むしろ立場を分けていたところに特徴があるとさえいえる。では彼らを結びつけていたものは、何だったのだろうか。

おそらくそれは、時代へのつよい緊張感のなかで、知識社会学に漲る歴史意識に触発されながら、現実とのあらたな対応のなかで、その思想的課題に向かい合うことによって、みずからの科学的自己確認をはたそうとした試みにあったといえるのではないだろうか。もちろんこの三年にみたない短命な研究会にたいして、あまり過大な評価を下すことは避けなければならない。しかし少なくともこの研究会が、たんなる文化社会学および知識社会学の受容に終わるものでなかったことはたしかである(24)。

一九三三年に「唯物論研究會」が戸坂によって結成されることになるが、その基礎には社会学研究会があった。これは、梯、山崎、早瀬、清水が、いずれも唯物論研究会の結成にあたって加わっていることからもうかがえよう。もちろんすでに述べたように、ここでひとつの流れに収斂されていったわけではない。このとき社会学の領域にとどまった樺、武田、佐藤、坂田たちは、改めて「社會哲學社會科學研究會」を別に結成し、あらたなメンバーを加えて、文化社会学の領域で展開をはかっていくことになる。

これは、社会学研究会そのものが、もともとイデオロギー性をもつものではなく、すでにみたように純粋な研究会としてはじまったことを考えるならば、当然のことだったといえるだろう。分化と発展的解消は、この会のもつ思想的な雑居性からも避けられないものだったといってよい。とくに戸坂たちにしてみれば、知識社会学はあくまでもイデオロギー論の理論的深化のための手がかりにすぎなかったかぎり、やがて唯物史観そのものにたいする検討に向かうことは時間の問題だったともいえる。他方、はじめから文化社会学へ志向性をもつ者たちにしてみれば、ここで道を分けたのも、また自然のことだった。

しかしこの二つの会は、けっして対抗的な関係にたつものではなかった。両者は、立場を分けながらも、ある種の共存性を失うことなく、それぞれ時代への応答を求めていくことになる。「一切のものの流転の相を如實に見せつけられることの著しきは現代に於けるより甚しきは曾つてなかつた。今やこの體驗は近代人の生活の隅々にまで滲透して時代の特徴を形成するに至つた」という『社會哲學社會科學評論』の序文の言葉は、こうした彼らの問題意識をきわめて明瞭にしめしているということができる。

これは、たんに彼らが感じとった時代経験であるだけでなく、そこで受けとめていった課題でもあったということができる。そしてそれは、つづいてつぎのような問題の提起としてあらわれてくる。

「かゝる現代に於ける病弊の一つとして、科學の領域に於ける極端なる分科主義を擧げることができる。専門化はもとより科學の進展とともに發達するものである。然しそれが極端にまで至り、諸科學の聯關を無視する分科主義にまで硬化した場合には、却つてそれは科學の進展にとつていとふべき至梏と化するに至る。さればこの至梏を揚棄して統一的觀點に立ち、社會科學の新しき綜合を求め、以てこの現代の病弊に打ち克たんとすることは、われわれ若き世代の任務であらう(25)」。

ここにみられるのは、変転する時代の流れに即応する統一的な科学的認識の要請であり、そのための哲学および社会科学におけるあらたな視座の設定の求めである。ただ見逃してならないことは、こうした志向性のなかで文化社会学の展開がはかられながらも、依然としてイデオロギー批判の論点は、切り離しえないものだったということである。とくにマンハイムの知識社会学を問題としていくかぎり、イデオロギー批判は、論議の争点からはずすことのできないものだったし、またそれは当時の思想状況のなかで、いかなるかたちであれ意識せざるをえないものだった。知識社会学への接近をみていくとき、この問題が個々の研究者のなかに深く意識されていたのは、そのためである。

そしてそれは、当時の知識社会学の導入と検討にあたって共有された問題意識であったといってもよい。これは、新明正道が、『知識社會學の諸相』（一九三二年）を著すにあたって、課題のひとつとしてマンハイムの知識社会学のイデオロギー批判をつよく意識していたところからも、うかがうことができよう。(26)

いうまでもなく新明の『知識社會學の諸相』は、方法論をとおして知識社会学の理論的検討を企てたものとしては、きわめて体系的なものであり、また抜きんでた内容をもつものだった。しかしそうした方法論的な検討を基盤とした精緻な理論展開をとりながらも、新明は、けっしてイデオロギー的立場にかかわる発言を抑えようとしてはいない。というよりときには、やや生硬ともいえる表現でマンハイムの知識社会学にたち向かっている。そこにみられるのは、鋭い時代意識をもって語られた知識社会学批判である。

もちろんとくにマンハイムの知識社会学が、イデオロギー批判の論点から切り離しえないものであったとしても、これにかかわる研究のすべてが、そこに埋め込まれてしまっていたわけではない。その後の文化社会学や知識社会学の展開をみていくとき、むしろイデオロギー論はしだいに薄められ、方法論的な検討に重点を移していくことになる。佐藤の『文化社會學』（一九四二年）や、武田の『知識社會學の展開』（一九四八年）(27)、あるいは樺の『歴史主義』（一九五二年）(28)などは、いずれもそうした理論展開のあとをしめすものといってよいし、新明もまた『イデオロギーの系譜學』（一九三三年）、『現代知識社會學論』（一九三五年）(29)などによって、問題の展開をはかっていく。

3　K・マンハイムをめぐる認識の途

さてこのように日本における知識社会学の導入と展開のあとを追っていくとき、そこにつよい時代への応答をみることになるが、さらに具体的に方法論の検討と受容の仕方をみていくなかで、見逃しえない二つの業績に出会うことになる。そのひとつが先にあげた新明の著作であり、もうひとつが今中次麿の論文である。そこには知識社会学の受容のあり方と同時に、問題の争点が見事にしめされている。

すでに述べたように、知識社会学の受容にあたって、まずつよいイデオロギー批判をもってのぞんだのが新明だった。

もともと新明の社会学の検討は、形式社会学からはじまる。しかし新明にとって、形式社会学は、個別科学としての社会学の確立にとって不可欠なものとされながらも、あくまでもひとつの基礎作業としての位置づけをもつものにすぎなかった。これは、彼が初期の『形式社會學論』（一九二八年）で、「形式社會學の組織を検討した後において、我等は初めて具體的にその社會學體系における地位を確定することが出來る」とし、「形式社會學の考察を以て、社會學全般の問題をある特殊な視角からの再吟味に歸せしめることが、私の論述の根柢的な目的をなすものである」[30]と述べているところにもあらわれている。

しかし新明は、形式社会学の批判からすぐ知識社会学に立場を移していったわけではない。彼は、知識社会学が形式社会学の非歴史的性格を克服しはしたものの、歴史哲学との連続性のもとにとらえられるかぎり、観念性が克服されたとみていたわけではなかった。

「形式社會學も知識社會學も究極においては社會轉換の時期において中間的立場に立つ市民的及び小市民的階級の要求に卽してゐる。問題は、此等の階層が何故に形式社會學の書き出した形式に定着しないで更に之によつて一度止揚されたと見える立場を再び强調するにいたつたかにある」[31]。これが、『知識社會學の諸相』で新明がしめした基本認識である。

ここで新明は、知識社会学の登場の背景をつぎのようにみる。そのひとつは、形式社会学がその超歴史的な社会概念によって現実の社会的対立の外に立ち、非イデオロギー的な観点から特殊科学としての方法を確立することによって、市民階級の要求にこたえるとともに、他方で歴史的、社会的現実への関係を失っていったことである。そしてもうひとつは、イデオロギー論を排除していくことによって、価値の流動化と対立の激化をみた現実の危機状況への対応力を失っていったことである。

こうして新明は、知識社会学がどのように時代の要請に応えていったかを問うことになるが、『知識社會學の諸相』は、そうした課題を背負った緻密な理論構成をもつ他の追随を許さない研究業績といえる。

その構成は、まず知識社会学の台頭の歴史的背景とその問題性を論じた導入部分からはじまり、つづいて実証主義的知識社会学（W・イェルザレム）、現象学的知識社会学（M・シェラー）、歴史主義の文化社会学と知識社会学（A・ヴェーバーとK・マンハイム）となっており、その方法論および理論的な検討と、その批判によって展開されている。

そしてここでのマンハイムの知識社会学にかんする検討は、歴史主義的立場にたいする方法論にはじまり、ついで存在拘束性の理論にたいする認識論的検討とイデオロギー論の分析をへて、その批判をもって完結する。そのさい新明のとった立場は、後に彼じしんが述べているように、「マンハイムが批判したマルクスのイデオロギー論をもってマンハイムを批判する」というものだった[32]。

いうまでもなくそこでの最大の論点とみなされたのが、マンハイムの「全体的綜合」の立場と、歴史主義における相対主義の克服をめざした動的全体にたつ展望主義と相関主義の理論である。

まずここで新明は、マンハイムの知識社会学をささえる全体的綜合の概念について、徹底的な理論的検討をおこなっていく。いうまでもなくそれは、A・フォガラシ、A・フォン・シェルティング、G・シュテルン、G・レーマン、H・マルクーゼなどによっておこなわれてきた批判的論点を含んだものであり、歴史主義の再構成の問題にある。そしてこれらの綿密な理論的検討をへたうえで、新明はマンハイムの知識社会学を、「根本的には、彼が誤った綜合、即ち歴史主義によるマルクス主義の克服を方法的不適合にも拘らず遂行しようとしたところにある[33]」とみる。

ここで新明が一貫して批判の対象としているのは、階級をはなれた知識の被拘束性の理論にある。そしてそれが、この時期、マルクス主義理論への傾斜をしめしていた新明にとって受けいれがたいものであったことはいうまでもない。「彼（マンハイム）が存在結合性の本質として説いたものは、拘束性である。彼は之を利害性の範疇と對立せしめた。……しかし、イデオロギーの上部構造の全體にまで之を及ぼすことは不適當であるとなした。……此の立場には、マルクス主義への反對が含まれてゐる[34]」。〔（）内筆者記入〕

そしてこうした立場から知識社会学に接していくとき、問題となるのは、つぎの点にあった。「マンハイムが拘束性の範疇を提唱し、尠くとも知識社會學において利害性の範疇の作用を斥けているのは、徒らに存在關聯の究極的な決定者を問題の外に放逐し、知識社會學の基礎に恣意的な要素を混入せしむるのみと成るのである。……この無用な迂回に依つて成就されるものは、存在關聯の利益性を不明瞭ならしめることである[35]」。

新明がマンハイムの提起した「精神的諸層」の概念にたいして、激しい批判の眼を向けていくのも、ここにあった。

これは、新明にとって、生産関係によって規定された階級と精神的立場とに介在する精神的諸層というマンハイムの概念は、たんに存在拘束性を説く理論に矛盾しているだけでなく、マルクス主義にたいする挑戦と映ったからである。

したがってこうした批判的立場に立つかぎり、もちろん綜合の担い手としての「自由に浮動するインテリゲンチア」の概念は、とうてい新明には受け入れがたいものだった。そしてここではマンハイムのインテリゲンチア論は、「政治の知識化、知識階級至上主義」とみなされることになる。

しかし彼がマンハイムに反対したのは、そこにだけあったのではない。新明がみたもうひとつの問題は、階級性を薄めたマンハイムのインテリゲンチア論にひそむ「社会ファシズム」の危険性であった。いうまでもなくこの解釈は、当時、マルクス主義者たちに共通したものであり、社会民主主義やこの立場に近いとみられたマンハイムの知識社会学に加えられた攻撃の一環をなすものだった。そして新明も、これと立場を共にする。

「もっと實際的な點からも、マンハイムの如き積極的知識階級論はファッシズムと結び付く可能性を生じて來る。彼が知識階級のイデオロギーとして有つてゐる超階級的な氣持は、そのなかに既にファッシズムの歴史觀へ通ずる窓を有つてゐる。……彼は此の氣持を積極的に政治的意義を有つものたらしめた。彼は無政治的な立場を政治的に主張しようとした。彼はかくして原理的には凡ゆる政治的理論、卽ち政治と理論との合一を信ずる立場を排撃しようと期した。しかし、此の試みにおいて彼は凡ゆる政治理論に對抗しはしなかつた。それは、主として新興のプロレタリアの政治的要求と結びついた理論を對象としなければならなかつた。何故ならば、現在において政治的理論として最も有力であり活動的なのは、もはや舊き理論ではなく、此のプロレタリア理論だつたからである」[36]。

そしてこのように結論づけている。「マンハイムの知識階級は、つひに彼の理想的存在にすぎなかつた。現實の力は餘りに強く、彼の力說にも拘らず、その理論の破綻を如實に曝露してゐるのである」[37]。

ちなみに当時、マンハイムのインテリゲンチア論に、階級闘争とファシズムにたいする無防備な政治的立場をみていた者は、けっして少なくなかった。そうしたなかで社会民主主義と対立していたマルクス主義陣営から、マンハイムの知識社会学に社会ファシズムのレッテルが貼られたのは、当時の政治状況にあっては当然だったともいえる。いちはやくマンハイムの知識社会学を社会ファシズム論の視点から批判したA・フォガラシの論文が、一部でつよい賛同をえていたのも、こうした事情とつよく結びついていたからだといってよい。

その点、マンハイムにたいする批判をつよめた新明が、こうした社会ファシズム論と歩調を合わせたとしてもあやしむに足りない。これは、そのときフォガラシの紹介にあたった山本禎夫からも、十分に読みとることができる。ここで山本がつよく説いていたのも、社会ファシズムこそは独占的金融資本の制覇の時代の「眞の子であり、ファシズム独裁の道案内者」であるという主張である。そのうえで知識社会学は、「マルクス主義的外貌を被つて實はマルクス主義の歪曲と無力化を結果してゐる。そしてこれが彼等の社會ファシズム的役割でもあるのだ」[38]と糾弾されることになる。

さてこのように新明のマンハイムの知識社会学にたいする姿勢が、きわめてつよいイデオロギー批判に貫かれたものだったとするならば、これにたいして社会科学的認識の基盤として再評価していこうとしたのが、今中であったといえよう。

その代表的な研究が、彼の「カルル＝マンハイムの政治科學方法論」だといってよい。これは、一九三四年に、『國家學會雜誌』に四回にわたって連載された長編の論文であるが、ここでも今中をつき動かしていったのは、きびしい時代への危機感であり、そのなかであらたな科学認識を求めるための方法論的検討にあった。

ここで今中をつき動かしていたのは、「現代のごとく、すべての世界觀を合理的に把握せんとする要求の著しく高まれる時代に於て、何故政治學のみが、ひとり極めて非合理的な内容しか持ち得ないのであるか[39]」という自問にあった。そしてそれは、「現代に於ける文化一般並に社會狀態の危機は、すでに單なる崩壞に於ける危機だけを意味しないで、新しいものの創造をすでにそのうちに含むに至つている[40]」という時代認識のなかで、彼を知識社会学に近づけていく。その点、今中は知識および認識過程を歴史的、社会的な拘束性のうちにとらえようとしたマンハイムの知識社会学を、従来の経験的認識論の立場と同一視さるべきではないとしている。

ここで今中が重視しているのも、マンハイムのいう「全体的綜合」の概念である。しかし今中は、これにたいしてただちにイデオロギー的立場からの批判に向かうことをせず、むしろ危機の時代の政治学にあらたな科学的認識の可能性をあたえるものとみていく。そして政治的意欲や知識の党派性が不可避的に科学的認識に入り込んでいく現状にたいして、あらたな総合の可能性をめぐって立ち止まることを求める。

今中がマンハイムの知識社会学にみたのは、あらたな一筋の光明だった。そこで彼は、新明とは逆に、全体的綜合のしめす理論的な地平をみつめていく。「私共が、社會學的に把握さるべき綜合的過程に於て、政治上の各種の意欲や世界觀の全發展を理解し得るやうになつた今日、初めて私共は、科學としての政治の高き可能性を持ち得るに至つたのである[41]」という認識が、苦闘の末に今中がたどりついた地点だった。

そしてここで今中が、「知識社會學的に問題を設定することなしには、政治知識は、その最も内面的な特殊性を理解することができない[42]」というのは、マンハイムの知識社会学に、時代の求めるあたらしい科学的認識と、その要請にこたえる方途をみいだしたからだといってよい。

その点では、イデオロギー対立と政治的危機を深めていくなかで、新明がマンハイムの主張する全体性の観念そのものに、「著しき浮揚性に結合した日和見主義」の危うさをみたのにたいして、ここで今中がしめしたのは、全体的綜合の観念に危機の時代の解決の道を模索していこうとした立場だったといってよい。

もちろん今中にしても、科学のイデオロギー性からの脱却を意図していたわけではない。それどころかそうしたイデオロギー性のもつ重みをつよく受けとめていたからこそ、知識社会学の科学的認識のもつ意味の大きさを読みとっていたということができる。今中は、これをつぎのように表現している。

「私共はユトピアとイデオロギーとが、結局科學的理論のうちに發展的に解消すべきことを認めざるを得ない。しかし乍らかやうな發展的解消は、科學によつてユトピアとイデオロギーとが精神のうちから追い出されると云ふことではなしに、ユトピアとイデオロギーとが科學のうちに融合することである。……ユトピアとイデオロギーが消失することは……歴史の死滅である。故にユトピアとイデオロギーとは無くなつてはならない。それらが科學によつて克服されることは、ただ人間が行動の盲目的・非合理的要素から救はれて、すべての彼の社會的歴史的行動を、意識的な世界への理解によつてみちびかれる、合理的なものとなすことである[43]」。

おそらくわれわれはここに、マンハイム理解をめぐって、きびしく時代の危機意識を分かちあいながら、異なった認識の姿勢をとった二人の社会科学者をみることになる。そしてそれは、いずれも当時のイデオロギー状況のもとで、科学に向けて危機の打開をはかろうとしたとき、共に避けて通ることのできない対応の仕方だった[44]。

その意味では、ここで新明と今中とを対置してとり扱っていこうとするならば、理解を誤ることになる。また両者は、けっして対立的な認識をもって知識社会学に接していたわけではなかった。そこにしめされているのは、いずれも自己の理論形成をはたすうえでしめした強靱な科学的自己認識のための手続きであったといえる。そして彼らを促していたのは、きびしい時代認識と危機意識に支えられ、たえず現実への応答を繰り返していく緊張にみちた作業だったといってよい。

いいかえるならば、まさにこうした社会科学者たちの問題意識を方法論的に掬い上げていく役割を担ったのが、知識社会学だったといえるし、また彼らはいずれもその批判的な摂取をとおして、科学的な自己認識を深めていったということにもなろう。(45)

しかし同時に忘れてはならないことは、こうした思考の営為を押しつぶす現実の力は、それ以上に強力であったということである。われわれがファシズム前夜の一九三〇年代初頭という時代をひき寄せ、そこから戦前の社会学の問題性を探しあてようとするとき、知識社会学との接触が残した課題を、どうしても忘れ去ることができないのはそこにある。

〔注〕

(1) たとえば伊藤満緇「獨逸社會學の史的發展」(上)(下)『社會學雜誌』五二號、五三號、一九二八年、には文化社会学および知識社会学への言及はない。また新明正道『獨逸社會學』日本評論社、一九二九年で「方法的社會學の提唱」としてとり上げられているのは、現象学的社会学と理念型的社会学の二部門であり、文化社会学については問題とされていない。
(2) 秋元律郎『知識社会学と現代—マンハイム研究—』早稲田大学出版部、一九九九年、二九—五九頁。
(3) 岡田謙「知識社會學の基本問題」『社會學雜誌』第七二號、一九二九年、六〇頁。
(4) 戸坂潤「知識社會學とイデオロギー論—歴史と論理の必然的關係について—」(一)、(二)、(完)『思想』第一〇一、一〇二、一〇三號、一九三〇年。
(5) 秋元律郎『日本社会学史—形成過程と思想構造—』早稲田大学出版部、一九七九年、一八八—一九六頁。
(6) 社會學研究會訳『イデオロギー論』文化社會學研究叢書 I、同文館、一九三一年、「序文」一頁。
(7) 同上訳書 二—三頁。
(8) 新明正道『知識社會學の諸相』寶文館、一九三二年。
(9) 岩崎卯一「講談社會學の惱み」『社會學雜誌』四八號、一九二八年、七九頁。

（10）若宮卯之助「日本社會學の方向」『社會學雜誌』八號、一九二四年、一―二四頁。さらに若宮は、「日本社會學の意義」『社會學雜誌』第三一號、一九二六年、一―一七頁において「日本の社會學は、無問題に出發して、現に無問題に低回して居る」（一頁）として、改めて日本の社会学の現状にたいして疑問を投げかけている。關榮吉が、文化社会学を構想するにあたって、この若宮の問題提起をつよく意識していたことは、關の『文化社會學概論』（東京堂、一九二九年）にも述べられている（『同上書』五四頁）。

（11）關榮吉『文化社會學概論』四六頁。

（12）同上書　四六―四七頁。

（13）藏内數太『文化社會學―日本の社會と文化―』培風館、一九四三年、二一―三頁。

（14）樺俊雄「歴史主義のことなど」『現代社会学大系・月報』一九七三年、三頁。

（15）戸坂潤、前掲論文。

（16）同上論文（完）第一〇三号、三、九―一〇頁。

（17）小松堅太郎『知識社會學批判』大畑書店、一九三二年、「序」一頁。

（18）戸坂潤「文化社會學」、『文化社會學』文化社會學研究叢書、第三輯、同文館、一九三二年、四〇頁。

（19）社會學研究會編『文化社會學研究叢書』（同文館）は、第一輯『イデオロギー論』一九三一年、第二輯『知識社會學』一九三二年、第三輯『文化社會學』一九三二年、として刊行された。

（20）清水幾太郎『社會學批判序説』理想社出版部、一九三三年。

（21）早瀬利雄『現代社會學批判』同文館、一九三四年。

（22）これについては、秋元律郎『日本社会学史』、第六章「市民社会論の展開とその挫折」を参照のこと。

（23）清水幾太郎『日本文化形態論』サイレン社、一九三六年。

（24）秋元律郎「日本における知識社会学の受容とK・マンハイム」『社会科学討究』第三九巻第二号、一九九三年。一五九―一六一頁。

（25）社會哲學社會科學研究會『社會哲學社會科學評論』岩波書店、一九三三年、「序」I頁。

（26）これについては、新明正道じしん『知識社會學の諸相』の「巻頭に」の辞のなかで、わざわざ『文化社會學研究叢書』に言及し、「そのなかには極めて啓發的な好論文が網羅されているが、此等とともに本書が好學の士によつて併讀されることが出來たら幸甚である」（二頁）と述べているところからもうかがえる。

(27) 佐藤慶二『文化社會學』育生社弘道閣、一九四二年、および武田良三『知識社會學の展開』白揚社、一九四八年。
(28) 樺俊雄『歴史主義』教育書林、一九五二年。
(29) 新明正道編『イデオロギーの系譜』大畑書店、一九三三年、同編『現代知識社會學論』巖松堂書店、一九三五年。
(30) 新明正道『形式社會學論』巖松堂書店、一九二八年、一二一―一四頁。
(31) 新明正道『知識社會學の諸相』二三一―二四頁。
(32) 新明正道「社会学五十年の回想」『現代社会学の視角』恒星社厚生閣、一九七九年、三五三頁。
(33) 新明正道『知識社會學の諸相』四四〇頁。
(34) 同上書　四四九頁。
(35) 同上書　四五二頁。
(36) 同上書　四九九―五〇〇頁。
(37) 同上書　五〇〇頁。
(38) 山本禎夫「インテリゲンチアの社會學と社會學のインテリゲンチア――マンハイムのイデオロギー論批判――」『思想』第一〇四號、一九三一年、九二頁。
(39) 今中次麿「カルル＝マンハイムの政治科學方法論」（一）『國家學會雜誌』第四八巻第八號、一九三四年、五六頁。
(40) 同上論文（一）五〇頁。
(41) 同上論文（二）第九號、七一頁。
(42) 同上論文（四・完）第一二號　七一頁。
(43) 同上論文（四・完）八三頁。
(44) 秋元律郎「新明正道と知識社会学」『社会学研究』新明正道先生生誕一〇〇年、特別号、一九九九年。
(45) R. Akimoto, Der Zusammenhang zwischen der Soziologie in Japan und Deutschland in den 1920er und 1930er Jahren, in: R. Blomert, H. U. Esslinger, und N. Giovanini (Hrsg.), *Heidelberger Sozial-und Staatswissenschaften*, Marburg, 1997, S. 466-471.

第五章

戦中への時代の響音

1　社会学理論の展開

いかなる視点にたとうとも、戦前の日本の社会学の発展をみていくばあい、やがてこれを押し潰していく一五年戦争体制と、そこに投げかけられてくる問題に目をそむけることはできないだろう。

もし都市知識人を主体とするいわゆる「大正デモクラシー」の運動が、あたらしい時代の到来を告げる顔だったとするならば、この時期は、欧米からのさまざまな思潮の影響のもとで、社会科学、哲学、芸術の分野において多様な動きをみせていく。日本の知識人が欧米と同時代意識をもちはじめたのも、またこの時期である。

明治末期から大正期への移行という時代の転換の歩みのなかで、すでに社会有機体説を基盤とした古い社会学理論は背後に退き、ようやく個別科学として専門化の道を歩みだしていく。こうしたなかで「日本社會學院」は解散し、あらたに若い社会学者を中心として組織されたのが、「日本社會學会」（一九二三年）である。そしてその機関誌として『社會學雜誌』（一九二四～一九三〇年）が刊行され、さらに『季刊社會學』（一九三一～一九三三年）、『年報 社會學』（一九三三～一九四三年）と改題されている。

この若い世代に担われた社会学会が、いかに変化を求めていたか、これはつぎの「發刊の辭」にも、明確にみることができよう。「ここに新しく始められるものは最早體裁のため權威のための、即ち機關誌のための機關誌ではない。いまや外、社會學はその危機或ひは轉向の機にあり、これと相伴つて内、學會は明るき白晝の光に向つてその窓を開け放たなければならぬ。(1)」

そして『社會學雜誌』には、このような欧米の社会学者との交流の拡大をはかる編集者の意向をあらわすかのように、A・フィーアカント、E・レーデラー、L・フォン・ヴィーゼなどの寄稿をみている。時代は、確実にあたらしい歩みを刻みはじめていたといってよい。ただこの時期の日本の社会学で主流をしめていたのは、ドイツ社会学であり、彼らがしめした関心ももっぱら全盛期を迎えたドイツにあった。

たとえば一九二〇年代から三〇年代にかけて翻訳されている主な社会学者をあげてみると、そこに登場するのは、G・ラッツェンホーファー、F・テンニース、G・ジンメル、W・ゾンバルト、H・リッケルト、M・ヴェーバー、フィーアカント、M・シェラー、ヴィーゼ、F・オッペンハイマー、T・ガイガー、R・ミヘルス、O・シュペングラー等である。

ここにもみられるように、一九二〇年代に入ると日本でも、社会学は、もはや社会有機体説を去り、形式社会学を中心に展開していくことになる。林恵海『ジンメル・社會學方法論の研究』（一九二六年）、井森陸平『形式社會學研究』（一九二七年）、新明正道『形式社會學論』（一九二八年）などは、いわばこうした動向を背景として生み出された一連の作品とみてよいが、それがひとつの潮流としても認知されていたことは、改造社が『社會科學』の一九二五年一〇月の「特輯」として、「形式社會學研究」を組んでいるところからもうかがうことができるだろう。(2)

この特輯には高田保馬、新明正道、松本潤一郎、五十嵐信、小松堅太郎、淡徳三郎たちが筆をとっているが、多くはジンメルの形式社会学からフィーアカント、ヴィーゼに論議を進め、さらにそのいくつかは批判的検討に入っている。ここにも形式社会学をめぐる理論展開が、すでに導入の時期を過ぎて、方法論そのものに論議が移っていることがみてとれるだろう。

こうしたなかにあって、日本の社会学の発展に大きな影響力をあたえたのが、一九一九年に出版された高田保馬の『社會學原理』だった。もちろんここで高田を、たんに形式社会学の枠のなかでとらえていくことには問題がある。しかし基本的には、これと立場を共有するものであったことは疑いえない。そしてこの個別科学の主張にたった高田の著作が、立場の斬新さにおいても、また理論の体系的構成と独創性においても、いかに多くの社会学者たちを魅了するものだったか、改めて指摘するまでもないだろう。

彼がまずここで主張しているのは、ジンメル以後の特殊社会科学のひとつとしての社会学の位置づけであり、また社会有機体説からの離脱にあった。そしてその特徴は、「吾人は社會學を以て有情者の結合と解し、これ以下に其意味を制限せざると共に、これ以上何物をも意味せしむる事無し」(3)、という冒頭の一句にもみられるように、社会学の対象を「有情者の結合」に求め、社会学を「結合学」(Verbindungslehre)として確立していくことにあった。そしてここで高田は、F・テンニースを理論的基盤としながらも、彼のゲマインシャフトとゲゼルシャフトを意志論から説く立場を排し、独自の理論にたった社会関係論を展開していくことになる。

こうして結合の理論に理論的な基盤をおく高田は、さらに結合定量の法則、勢力説、定型としての共同社会、極小説(ミニマム・テオリ)、第三史観といった独創的な理論を展開するとともに、階級論、国家論、民族論、人口論の問題にたいして、戦時中も積極的な発言を続けると同時に、マルクス主義にたいする批判者としても論争的に立ちあらわれてくる。

その点、一九二〇年代にはじまる日本の社会学は、ある意味では、なんらかのかたちでの高田の社会学にたいする応答なしには考えられないといってよい。彼の『社會學概論』(一九二二年)、『階級考』(一九二三年)、『階級及第三史觀』(一九二五年)、あるいは『社會關係の研究』(一九二六年)、『勢力論』(一九四〇年)、『民族論』(一九四一年)をはじめとする社会学の領域における業績は、いずれもこうした理論展開をしめしたものといってよい。そして民族や経済にかんする時評的な発言もまた、そこから切り離すことのできないものだった。

もちろんこうした高田の業績にたいしては、その評価も二分されていく。これは、高田の逝去後に『社会学評論』

（一九七二年）の「特集・高田社会学をめぐって」における論説にはっきりとあらわれてくる。[4] ここで高田の勢力理論を中心とした向井利昌や富永健一の高い評価と、マルクス主義の立場からの社会関係ならびに科学認識にたいする宇津栄祐の批判に接するるとき、きわめて鮮明にあらわれてくる。

しかしそこに現代社会学にとって無視できない多くの展開可能な理論が約束されていることは疑いえないし、[5] 金子勇の『高田保馬リカバリー』（二〇〇三年）のおこなった試みのうちにも、[6] その掘り起しの作業は、きわめて示唆的なかたちでみることができる。

そしてさらに日本の社会学があたらしい発展段階に入った時期に目を移し、視点を広く社会学の理論および方法論の展開という局面においていくとき、その後の社会学に決定的な影響をあたえていくのが、一九二〇年代後半から高まりをみせていくM・ヴェーバーにたいする関心である。

この時期の日本のM・ヴェーバー研究が、いかに見逃しえない糧を残していくか。これは戦後における展開をみていくとき、社会学の方法論の彫琢の過程からも、また問題の発展と論争点の継承のうえからも、はっきりとみてとることができる。

日本におけるM・ヴェーバー研究を問題としていこうとすれば、その理論にたいする関心は、おそらく一九一〇年代に溯る。しかし当初は経済学の領域が主であり、その関心はもっぱら価値判断論争に向けられていた。これは、それまでの日本の経済学がドイツ社会政策学派の強い影響にあったことと無関係ではない。このことは、M・ヴェーバーの作品の翻訳に先駆けて、R・ヴィルブラントの「方法論争、カール・メンガーとマックス・ヴェーバー」が、いち早く翻訳されていることからも推測できよう。

社会学の分野で、M・ヴェーバーの社会科学方法論、および理解社会学の検討がすすめられてきたのは、一九二〇年代末になってからであり、この時期に社会科学的認識の客観性の問題とともに「理念型」にたいする研究がつぎつぎとあらわれてくる。そして一九三〇年代にその最盛期を迎えることになる。なおその導入の比較的初期から『プロテスタンティズムの倫理と資本主義の精神』にたいする関心がみられることは、日本の社会学者たちが近代社会と合理主義につよい問題意識をもってのぞんでいたことをしめしているといえよう(7)。

このことは、おそらく現実において近代市民社会の形成に立ち遅れ、またこれにたいする理論をもちえていなかった当時の日本の社会科学にとって、西欧市民社会の合理性と資本主義のエートスの問題が、最大の関心だったことと無関係ではないだろう。そしてやがてこれと関連して、東洋社会論が研究の対象となってくる。そしてそれは、けっして主体的な契機をもたないものではなかった。

こうしてみてくると一九一〇年代から第二次大戦終結までの日本の社会学は、主としてドイツ社会学を中心としながら展開していくことが分るが、しかしフランス社会学やアメリカ社会学にたいする関心も、けっして小さかったわけではない。事実、この時期には、前者にかんしては、R・ウォルムス、G・J・タルド、É・デュルケム、C・ブーグレ、R・L・E・モーニエ、L・レヴィ・ブルュールなどの主要な著作が翻訳されていることからもうかがえるだろう。

ちなみにこの時期に、日本でフランス社会学の導入に積極的な役割を演じたのは、田辺壽利であり、彼はフランス啓蒙主義の思想史的研究を行うとともに、コントをへてデュルケムにいたるフランス実証主義の体系的な研究をなしとげている。そして田辺をはじめとするフランス社会学の系統をひく社会学者たちによって、一九三二年に雑誌『社會學』が創刊されるなどの動きをしめしている(8)。しかしその影響力は、ドイツ社会学と比べるとけっして大きなものではなく、またその関心も、もっぱらデュルケムおよびデュルケム学派に向けられていた。

なおアメリカ社会学にたいしては、ある程度シカゴ社会学の動向などに注目が集められていたとはいえ、断片的なものに終わっている。日本の社会学が、アメリカ社会学と深いかかわりをもつようになるのは、第二次大戦終結以後のことである。

いずれにせよこうした多様な社会学理論の交流のなかで、日本の社会学もまた大きく変化してきたことは間違いない。そしてまず一九二〇年代の後半にはいると、すでに述べた高田の社会学理論にたいする批判とともに、あらたに「綜合社会学」の動きがでてくることになる。これに先導的な役割をはたしたのは、新明正道である。

彼は、すでに一九二八年に『形式社會學論』を著し、形式社会学には批判的な立場をとっていたが、その後、社会力の概念から出発し、行為連関の理論を中心とする社会学の構想に向かっていく。彼の『社會學の基礎問題』（一九三九年）、および『社會本質論』（一九四二年）などは、こうした綜合社会学の確立に向けた体系化の試みをしめすものといってよい。

ここで新明がとっているのは、社会学は、一般社会学と歴史社会学との二部門によって構成され、集団と文化とは行為関連の相即的契機として総合的にとらえられるという立場であり、「科學的に社會の全體認識の獲得を目的にする」ところに綜合社会学が成り立つというものである[9]。

こうした新明の社会学の構想は、その後、社会学を「人間間の關係事象の理論的（實在的）科學」と規定し[10]、特殊科学的社会学に立つ松本潤一郎の「綜合社會學」の立場との論争をよぶことになるが、この論争の生んだ成果はともかくとして、こうした一連の流れのなかに、一九二〇年代から三〇年代にかけて問題とされてきた日本の社会学の方法論的な争点がみられることはたしかだろう。

そしてそれらは、けっして形式社会学との対立という図式のなかでだけとらえられるものではなく、ワイマール期に危機感をつよめながら、これと代わってつよい歴史的な志向性をもって台頭してくるあらたな文化社会学、あるいは行為理論の台頭という背景と関連した動きとしてとらえることもできよう。

これは、新明が形式社会学の批判をおこなった後、知識社会学、および行為理論の検討という作業を精力的にかかわっており、M・ヴェーバーへの影響を無視できないこと、また松本のばあいにもA・ワルターの総社会学の影響が無視できないことからもみることができるだろう。

2 戦時体制下の動向

さてこうしてみてくると戦前の日本の社会学は、建部たちの社会有機体説の退場後、個別科学としての社会学の要請のなかで、高田の社会学をつよく意識しながら展開をしめしていくということができるが、一九二〇年代から三〇年代にみられる動きを、いま振り返ってみるとき、問題意識のうえでも、きわめて分化していることに驚かされる。

もちろんこれは、当時の社会学のおかれた反映とみれば、それなりの説明がつく。かつてM・レプシウスは、両大戦間のドイツ社会学に触れたさい、一九二〇年代に支配的な形態がみいだせなかったことを指摘したことがある[11]が、圧倒的なドイツ社会学の影響下にあった当時の日本の社会学が、そうした状況を反映していたことは当然考えられることだといえよう。

つまり社会学が、個別科学としての形式社会学の確立後、これにたいする歴史社会学や文化社会学、あるいは現実科学としての社会学からの批判のなかでパラダイムの分裂をはやめ、またイデオロギー対立にさらされていったとき、これを埋めていったのが、多様なかたちでの理論と方法論にたいする接近だったといえるだろう。

事実、この時期に、いかに方法論的な課題とかかわりながら、さまざまな問題意識が行き交い、また論題とされていたか。その一例として、一九三三年度の日本社會學會年報『社會學』第一輯「理論と實践の問題」でとり上げられた主題をみてみよう。

尾高朝雄「社會學の対象とその認識」、松本潤一郎「社會學に於ける應用の問題」、臼井二尚「意味聯關と現實態」、尾高邦雄「没価値性の問題」、小松堅太郎「客観的眞理と實践」、新明正道「ファシズムの世界観」、清水幾太郎「現代の危機と理論の實践性」。

そしてこのときマルクス主義をめぐる論議は、まだ終わっていなかったし、知識社会学を中心とするイデオロギー論は、社会学の主要な課題として人びとをとらえていた。そうしたなかで、日本の社会学でマルクス主義者と、既存の社会学理論に不満をもつ若い世代の社会学者のグループ、あるいは文化社会学および歴史社会学に関心を抱いていた研究者たちによって、A・ヴェーバーの文化社会学、およびM・シェラー、W・イェルザレム、K・マンハイムの知識社会学の導入がおこなわれてきたことは、すでにとり上げたとおりである。

しかし一九三〇年代からファシズムの進行の時期にあって見落とされてはならないことは、現実科学の志向性をつよめていく社会学が、危機意識のもとに既存の社会学理論への懐疑をつのらせていったことである。そうした状況のなかで、日本の社会学につよい衝撃をあたえたのが、H・フライヤーの『現實科學としての社會學』（一九三〇年）だった。

ここで「エートス科学」（Ethoswissenschaft）としての社会学の立場にたつフライヤーの現実科学の主張が、多くの若い世代の社会学者たちの関心を集めたのには、おそらくつぎのような事情があったからだと思われる。

その第一は、すでに述べたようにファシズム期に突入していた当時の日本の社会学において、あらたな実践的な現実科学を模索しようとする動きがつよまっていたこと、第二に、M・ヴェーバーの方法論論争の延長線上で、社会学的理論と政治的意欲との関係、および社会学的認識における価値自由の問題が再検討の対象となり、とりわけフライヤーの実践科学が検討の主題とされていったこと、第三には、フライヤーの国家社会主義的傾向をもつ立場と民族主義的な主張にたいする共感があったこと、そして第四には、おそらくドイツ社会学の伝統に親しんできた日本の社会学にとって、こうした一九世紀のドイツの保守主義的伝統とむすびついた社会学理論が、問題解決の道として検討の対象となり易かったということである[12]。

ただそうはいってもここでフライヤーについて論議されたのは、主として彼の方法論に限定されたものであり、彼の民族や国家にかんする理論についていては、ほとんどといってよいほど論議されていない。

たしかに彼の現実科学としての社会学と実践科学の主張は、大きな関心をもって迎えられたし、また右翼からの革命の提唱があたえたインパクトは小さなものではなかった。しかしそこでひとつの政治的な概念としての民族にたいする検討は深められることはなかったし、また民族による社会革命としての「右翼からの革命」のもつ問題性にたいする論議はなかった[13]。

その点、新明の『國民革命の社會學』(一九三五年)をはじめとするフライヤーにかんする研究は、いずれも方法論を中心としたものであり、ゲゼルシャフト的利害に対抗する右翼からの革命論のもつ政治的意味、およびこれを支える民族主義の理論にたいする検討は希薄であったといわなければならない。またこの時期には、O・シュパンへの関心も高まっており、彼の代表的な諸著作の翻訳も出版されているが、フライヤーと比較して、その影響はきわめて小さかった。

しかしこの時期から戦時中にかけて、日本の社会学の歩みをみていくとき、そうした民族主義的、あるいは全体主義的な社会学にたいする理論的な検討が、観念的なものであったとはいえ、民族や国家にたいする関心が社会学的研究のなかで比重を増してきていたことは間違いない。そして同時に日本の社会学者たちも、個々の研究者としても、また組織としても、戦時体制と距離をおいていたわけではなかった。というよりは時局の進展とともに、大勢としては、体制に寄り添うかたちで押し流されていったことはたしかだといえよう。

その点、おそらく一九三九年の第一四回の日本社会学会大会は、そうした動きを一段と顕著なかたちでしめした一例といえよう。このときの演題には新明の「東亜共同體の基礎理論」、高田の「東亜民族の問題」、綿貫哲雄の「社會學史上に於ける太平洋時代」などがあり、「編輯後記」に「本年は期せずして時局に關係の多い論說が多かった。會員諸氏の時局に対する深い關心の現れであろう」とある。そして一九四一年の『年報社會學』（第八輯）には「紀元二千六百記念講演」が収められ、建部が登壇する。

こうした動向にたいして、川合隆男は、「戦局がいよいよ厳しく長期化・拡大化し、国家総動員体制が強化され日常的な生活そのものが戦時体制に巻き込まれていく諸状況のもとにあって、多くの社会学論者がこれまでの現実追随的な論調から更に新体制や新秩序、大東亜共栄圏の翼賛的な論調の渦に一転していく動き」としてとらえているが、そのとおりだろう。そしてさらに「日本社会学会という学会活動もその轍にそって動き出した」とみている(14)。戦時中の社会学の動向をおさえていくとき、これは学会のしめした立場を確認しておくうえからも、けっして見落としてはならない事実のひとつだといわなければならない。

なおこの時期には、民族と国家にかんする研究が、代表的な社会学者たちによって積極的におこなわれていくが、その動きは、高田『東亜民族論』（一九三九年）、『民族論』（一九四二年）、『民族耐乏』（一九四二年）、小松『新民族論』（一九四〇年）、『民族の理論』（一九四一年）、加田『人種・民族・戦争』（一九三八年）といったかたちで刊行されていく民族論研究からもうかがうことができよう。

もちろんそれらは、すべて国策の後追い的な性格をもつものではなかったし、また時局追随的なものだったわけではない。これは、たとえば新明の『人種と社會』（一九四〇年）の執筆の動機のひとつに、ナチスの人種論批判があったことにもあらわれている。

ここで新明は、人種の問題をとり上げた理由として、「ナチズムの人種主義を検討して、その理論的な内容に疑問を抱くにいたつてからのことである」と述べ、ドイツの国家的イデオロギーとしてのナチズムの基礎をなすものは人種主義であり、これを除いたナチズムはもはや世界観として成立し得ないかぎり、これにたいする検討が不可欠だとみている(15)。そして新明が、イタリアのファシズムにたいしても、まずその国家観・社会観を形成する思想のイデオロギー的研究を求め、『ファシズムの社會觀』（一九三六年）をまとめているところにもみられるように、けっして現実の承認を先行させていたわけではない。

しかしそうしたかたちで国策とは一線を画する態度がみられるとしても、この時期にしめした社会学者の行動が、時局の変遷とまったく無関係でなかったことは、戦時中に彼らがみせた去就のうちにさまざまなかたちであらわれてくる。

たとえば新明の「東亞連盟」への参加をはじめ、「昭和研究會」と関係をもち、東亜経済共同体論の立場にあった加田哲二などは、その動きのひとつをしめしたものといえる(16)。新明の『東亞共同體の理想』（一九三九年）は、これらの背景を除いてとらえることはできないし、また加田の『東亞共同體論』（一九三九年）も同様である。

もともと近衛文麿のブレーントラストと目された国策研究団体としての昭和研究会は、蝋山政道を中心として研究会には三木清なども加わり、「東亜の新秩序」を理想としていた。ここで主張されていた東亜共同体の建設というのは、いわばそうした彼らの抱く理想のひとつであった。この理念は、他の社会学者たちにも共通する。

そして時局の進展とともに、彼らの理念が国策にとり込まれていったとき、それは山本鎮雄のいうように、「ミイラ取りがミイラになる」という姿をとってあらわれてくることになる。[17]

こうして戦時体制の強化とともに、知識人たちの多くは、大東亜共栄圏の理念に共鳴する翼賛的な姿勢をつよめていくことになるが、一九四三年には、文部省に「民族研究所」が設立され、高田保馬も所長として関係していくことになる。日・満・支を含む東亜民族の紐帯を重視する高田の東亜民族論なども、そうした脈絡のなかでとらえられなければならないものだろう。

ただこのような動きのなかで日本の社会学がみせたのは、先にも指摘したように、きわめて観念的なものであり、世論に訴えかけるといった性格をもつものでもなければ、ましてやはっきりした国家観や民族論としての原理を提示するといったものでもなかった。そこにみられるのは、あくまでも現実追随的な性格であり、政策としても内実と具体性を欠いた理想の提示でしかなかった。[18]

その点では、この時期にあらわれた「日本社会学」を自称する立場にも、なんらあたらしい国家観や民族論に支えられた理論展開はなかった。そこに姿をみせたのは、建部遯吾の『興亞の理想及經綸―第二天業恢弘と大東亞戦争―』（一九四三年）にもみられるように、まさに「家族国家観」を基礎とした旧態依然たる鎧を身にまとった皇国主義であり、またそこで求められていたのは翼賛体制強化のための理論的方策にすぎなかった。

そのひとつとして、河合弘道の『日本社會學原理』（一九四一年）をとってみよう。ここで河合のとっている立場は、「建部博士によつて、日本社會學の問題は實在としての國體であることが明示された」というものであり、その構成をささえるのは、圓谷弘の「集團社會學」である。彼は、これを「長い日本國家の發展史を色彩つた日本社會學の源流の集積的頂點」として評価し[19]、「日本的なる真精神の體得」を指導原理とする社会学の主張と結びつけていく。

われわれはこうした流れにあって、明治の殻をつけた建部の社会学が、かりに儀礼的な権威づけをえていたにせよ、大正デモクラシーの波をくぐり、欧米の社会学の動向とまみえてきた社会学のただなかに、堂々と登場してくることに驚かされるに違いない。しかしこれは、近代日本の社会学の展開のなかで、強国主義が払拭されることなく生き延び、またこれを基礎づける指導原理として、家族国家観が依然として機能を失っていなかったことの証左とみることもできよう。

川合隆男は、これについて建部の社会学の特質が、終戦のときまで「近代日本社会学の一つの底流」として消しがたくとどめていたことをつよく指摘しているが[20]、少なくとも清算されないままであったことだけはたしかだといってよい。そしてそれが、家族国家観を基礎としていたかぎり、太平洋戦争という危機の状況のもとで呼び起こされたとしても、けっして不思議ではなかったということができる。

石田雄のいうように、家族国家観の特質が、もともと支配者層が、一方において、社会有機体説の立場から、新体制、高度国防国家などの時代にたいする適応形態を説くと共に、他方、それと家族主義とを融合することによって、権力的集積をはかるところにあったとするならば[21]、問題は、それが近代日本の政治過程のそれぞれの時期や時局にさいして、どのように機能してきたかということであり、また思想的な拠り所となってきたかということにある。

とくに日本のばあいには、イタリアやドイツのように大衆運動を基盤とするのではなく、支配機構そのものがファシズム化することによって、体制側からのイデオロギー化がおし進められていったことを考えるならば、その要請にこたえるかたちで展開していった体制便乗的な動きは、かりに現実にあたえた影響がとるに足りないものであったにせよ、改めて戦時体制下のイデオロギー整備という点からみていくとき、無視されてよいものではないだろう。

3　戦前と戦後の間

戦前から戦後への連続性というばあい、おそらくそこに含まれている多様な意味を見落とすならば、問題の焦点を見失うことになろう。そのさいもし意識的な継承を遺産とみるとすれば、その他にも、とり残されたままの問題や、掘り起こされることを嫌う歴史、あるいは未消化な残存物や残滓も、ときとしては連続性というかたちをとることになる。

こうしたことを含めたうえで、社会学の理論や方法論だけでなく、実証研究に目を向けていくとき、戦前から戦後の社会学の道筋にあらわれてくる展開は、連続性と断続をめぐってさまざまな問題を投げかけてくる。

すでにみてきたように『職工事情』や『細民調査』をはじめとする政府官公庁調査、あるいは「月島調査」など民間団体や研究機関による実態調査が、労働問題、都市問題、保健、生活様式、住宅問題といった多岐にわたる分野で集積され、その後の統計や実証研究の展開にとって欠くことのできない遺産を残していったことは、すでに述べてきたとおりである。このことは、社会事業との連繫のなかで進められた都市研究についても指摘することができる。

その点、戦前の社会学においては、けっして実証的研究が乏しかったというわけではなく、川合のいうように、「多様な生活像・歴史像を観察し調査する活動が〈特定の調査活動〉〈貧しい調査活動〉へと枠づけられ特徴づけられていった過程こそ」が問題とされるべきだということもできよう。(22) こうした戦前の実証研究への評価をみていくとき、いうまでもなく目をはなすことのできないのが農村および家族社会学である。

そこで農政学から出発し、しだいに民俗学に関心を移しながら、村落を基盤とする国民生活誌の樹立にむかった柳田國男の存在が、いかに大きなものだったか。ここで改めて問わないことにしよう。日本の農村社会学の形成をみていくうえで、彼のはたした役割が無視できないものをもっていたことは、これまでもしばしば指摘されてきたとおりである。そして柳田民俗学の研究を批判的に活用しながら、経済史・社会学的な観点に結びつけていったのが、有賀喜左衛門だった。われわれは、これを有賀の「名子の賦役―小作料の原義―」（一九三三～三四年）にはじまる家および同族団の研究にみていくことができる。[23]

ここで有賀が、村落の社会構造を背景として結ばれる家の結合に視点をおいて、村落生活組織を実証的にあきらかにしていこうとしたことは、よく知られている。こうして日本の小作制度の特殊性から、家族制度と村落構造との関連をとらえた有賀の研究は、家族制度における「家」と「同族団」の概念として、日本の村落社会の構造に迫るうえから決定的な意味をもつことになる。

周知のように彼の『農村社會の研究―名子の賦役』（一九三八年）、『日本家族制度と小作制度』（一九四三年）は、こうした実態調査を基礎として構築されたものであり、戦後の研究もまたこれを基盤として展開していくことになる。そして同族団の研究の展開を追っていくとき、それは農村集落基礎分析とかかわりながら、一九三五年頃から家族社会学の戸田貞三、鈴木榮太郎たちのもとでおこなわれた及川宏たちの分家慣行の調査にみられるように、家および同族組織にかんする理論的、実証的研究をとおして、固有の展開をみせていくことになる。[24]

これと同時に、戦前の村落社会研究における社会学の足跡を辿っていくとき、家および同族組織にかんする研究を基軸として、大きくあらわれてくるのが鈴木榮太郎の農村研究である。

ここで鈴木が、日本の社会構造の独自性とみているのは、「家族が自然村と共に二つの中樞的骨組をなして居る」という認識である。そのさい「自然村」は、自足的独立性をもった生活原理の組織的体系を内容とする社会意識の存在として性格づけられる。[25]

この家と自然村にもとづく農民層の行動原理を摘出していった鈴木は、『農村社會學原理』（一九四〇年）において、日本の農村社会の構造を、社会意識の統一作用という視点から分析していくと共に、農村の分析から、さらに都市社会学へと向かっていく。そして戦後、『都市社會學原理』（一九五七年）において提起された「結節機関」説にあたえた影響が、都市社会学をみていくにあたって無視できないものだったことは、この概念が論争的な意味をもちながら展開されていったところにあらわれている。

こうして日本独特の「家」を構成単位として形成されていく日本の村落社会の構造的な特質は、緻密な実証的研究の積み重ねによってあきらかにされていくことになるが、戦後の民主化をめぐる家族制度の論議のなかで、封建遺制の問題として、改めて論議の対象となるのも、家族制度にかかわる家の問題である。

それが、どのように問題となっていくのか。一九四九年、「日本人文科學會」の学術大会で、福武直が封建遺制についておこなった報告に、きわめてよくあらわれている。

ここで福武は、家系の連続の観念の弱化、家長の権威の後退、相続制の変化、家族構成上の単純化がすすみ、同族の結合と統制の衰退を指摘しながら、なおそこに経済的な基礎的条件の制約とともに、家の観念や家長権のつよさといった近代化を阻止する要因が存続していることを指摘している。そして彼は、ここで「わが國における家族の封建遺制とよんで参りましたものを、私は、封建的家族主義とよびたい」と述べ(26)、これを他の社会制度や現実に投射し、その相互的関連をあきらかにすることを求めている。いうまでもなくここで設定されているのは、近代的という視点からの接近である。

これにたいして喜多野清一は、同族団をもって封建遺制とみることには真っ向から反対する。喜多野は、「同族團は本家の家権威を中心として、系譜關係を連繫されている家の連合體」と規定したうえで、西欧の家父長制、その発展としての家族制に関連して家や系譜の観念がどのように形成され、またどのような意義をもっていたかを検討しないかぎり、「同族團そのものの結合の性格を封建的ということは出來ない」といい、したがって「今日ある同族團を指して封建遺制ということも當らないと思」うと反論している。

そして同族団の伝統的な権威による支配関係の基礎が非近代的であるとか非合理的であるとか、あるいは本家分家間の主従関係的慣行の内容が封建的搾取であるといった観点にたつならば話は別だが、「同族組織の結合原理を封建的であるとは言えない[27]」とはっきりと断言する。

この家と封建遺制の報告会の討論にあたり、喜多野が、家族や同族や村落共同体は、歴史的に「存続していく性質」をもっているところから、これを構成せしめる内的な構成原理のうえからとり扱われるべきで、すぐさま封建遺制の問題と結びつけていくと、どうしても「食い違い」がつよく感じられると述べたのも[28]、そこにある。いうまでもなくこの主張にみられるのは、近代化論から安易に遺制論を説く立場への批判である。

おそらくこうした論議は、基本的には近代化にどう向かい合うかにかかってくる。またそれによって視角の設定や、封建制をどうとらえるかといった規定と絡み合ってくる。

ただこの福武と喜多野の立場にもみられるように、家をめぐる問題が、戦後の民主化の過程で、たえず論議の対象となってきたことは、戦後の展開をみていくうえで、けっして忘れてはならないということである。そしてそのかぎり、家族研究は、そこで蓄積されてきた研究成果の検討とともに、問題意識の所在をめぐって、絶えずあらたな課題を受けとっていくことになる。

そしてさらにわれわれが、戦後への問題の継承と連続性にかかわってくとき、家族社会学の展開のうえから見逃してはならないのが、戸田貞三の『家族構成』（一九三七年）である。一九二〇年の国勢調査を基礎資料として利用し、その「千分の一抽出寫し」による家族構成の分析に着手したこの戸田の分析は、家族にかんする社会学的研究にとって決定的な意味をもつ。

ここで戸田の意図したのは、なによりも「家族の集團的特質」をあきらかにしていくことにあり、まず家族の内部的構造、その集団的形態の研究を進めることによって、家族と外社会における生活様式との関係、外社会が提供する諸条件の家族にたいする拘束性といった問題に進むことにあった[29]。そして喜多野のいうように、そうした視座に立つとき、欧米の近代家族との差異のうちにあらわれる伝統的性格を残す日本の家の特質が指摘され、「家長的家族の傾向を多分に持つ」日本の家族にたいする分析が重視されていくことになる[30]。

そしてこのように家族制度に関心を収斂させていた家族研究が、あらたに集団としての家族にたいする問題意識と分析視点を獲得することによって、社会学的研究を進めていったとき、それは社会統計的な手法による分析と共に、戦後へとつながっていくことになる。

このようにみてくると、日本の家族および農村社会学は、つねに日本の特殊性を踏まえて分析を進めてきたといってよいが、そこでつねに重視されたのが歴史における「近代や現代との脈絡」における認識であった。このことは、有賀が歴史における「遡源的方法」を方法論のひとつとして重視していたことにもしめされている。彼が、戦後、社会関係の基礎構造について改めて検討の作業に入ったとき、「民族の特質」をしめすにあたって強調したのも、この点にあった[31]。

そしてそれが、たえず変動の過程におかれた農村の現実とそれが内包する課題とにかかわるものであったことはいうまでもない。この認識は、鈴木榮太郎が『農村社會學原理』を著すにあたって、「日本農村は其の基礎的社會構造を今急激に變化させつつある。個々の側面に於ける社會的變化は、此の基礎的社會構造の變化の、現れであり隨伴的現象である」[32]と述べているところに、紛れもないかたちで表明されているといえよう。

さてこのようにわれわれが、戦前と戦後の社会学の断絶と連続性を問題にしようとするかぎり、当然そこでは、受けつがれる内容と共に、これを促す問題意識の所在が問われることになるが、おそらくそこで引き出される問題性を、きわめて鮮明にしめしてきたのは、農村社会学だったといってよいだろう。

その点、細谷昂が、農村社会学について指摘したつぎの四点は、現実との接点のなかでしめしてきた問題の争点の変化という意味を含めて、その現代性を問うばあい認識しておかなければならないものといってよいだろう。

その第一は、農業あるいは農村という対象そのものが、日本の資本主義の形成とその発展のなかで、もっともきびしく問題を投げかけざるをえなかった領域だったことであり、そこからつねにその時どきの課題を鋭くつかみ、その解明に積極的にとり組んできたということである。地主制と家・村落、農地改革と戦後民主化、農民分解と家・村落の変化など、いずれもこれをあらわしている。

第二には、日本農村社会学が、その時どきの「現代」の課題を踏まえながら、たえず歴史を振り返り、現代を歴史のなかに位置づけてきたことがあげられる。そしてこれは、おそらく日本資本主義のなかで農業と農村の突きつけた問題が、〈変容〉あるいは〈解体〉と形容されてきたものであり、このことが、過去から現在をとらえ直し、将来をうらなうという歴史的視野をあたえることになったのだろうという。

第三に、これらのことと関連して、日本の農村社会学は、意識的また無意識的に、社会学以外の他の研究諸領域と課題を交錯させ、あるいは実際に作業のうえで交流してきたという性格をもつことである。

そして第四に、日本の農村社会学が、つねに現実と交じり合う地点で獲得してきた実証性である。その点、村落に焦点をしぼったモノグラフ的な手法による調査研究などは、とくにその特徴的な方法として典型的なものということができる。

細谷が、日本の農村社会学の展開を辿っていくとき、つねにその時どきの「現代」の課題が開示されてくるとみているのはこうしたところにあるが、同時にこれは、農村社会学が近代日本を見据える視座の基盤をなしてきたことを意味する。そのばあい、細谷の指摘するように、その研究が現実と歩みを共にするかぎり、直面する課題は、つねに「変容」であり「解体」にあった[33]。

このことは、とくに戦後のはげしい産業化と都市化の過程で経験する地域社会の構造的変化のなかで、開発とコミュニティの再編成の問題を抱えながら、地域社会の研究にあらたな課題をもたらしてきた状況にあって、はっきりと認識しておく必要がある。

4　連続性をめぐって

おそらく多くの――というよりほとんどの研究者が認めるように、戦後、日本の社会学は、戦前との断続と連続性を問うことに意欲的だったとはいえない。これについて富永健一は、「戦後の日本社会学は、戦前のそれとの断絶においてというよりも、担い手に関して戦前のそれとの連続性において、発展をとげてきた」という。

「担い手」という点では、個々の研究者だけではなく、組織においても、断絶を経験することはなかった。これは、日本のばあい、一九三四年にナチス政権の圧力のもとで解散を余儀なくされた「ドイツ社会学会」とは違い、組織として存続をみることができたことにもかかわっているといえるだろう。

さらにここで富永は、その理由として、ファシズム期の日本の国家権力がナチスのように社会学を圧殺することがなかったのは、戦前の日本社会学そのものが、小さく無力で主張者としてもたいした存在ではなかったこと、またその無力さが体制にとり込まれ、利用される度合いを少なくしたことを上げている。そしてこのことも、「戦前に形成された日本社会学の体質が、そのまま戦後に引き継がれる結果をもたらした(34)」という。

もちろんここで富永は、それによって戦後の社会学が戦前の枠内で展開を余儀なくされているといっているのではない。むしろそうした連続性をもちながら、戦後の日本の社会学の展開を促してきた諸要因を摘出することによって、あたらしくひらかれてきた地平をとらえ、それを批判的に論議していくことにあった。

もとより「連続か断絶か」という問題は、立場や視点のおき方によって大きく評価を変えていく。これは、戦後ドイツでH・シェルスキーとR・ケーニヒのあいだでおこなわれた戦前と戦後のドイツ社会学の継続性をめぐる論議のなかで、抜き差しならないかたちであらわれている。

たしかにこの論争は、その後、レプシウス、R・ダーレンドルフ、O・ラムシュテッドたちを巻き込んで、広範な広がりをみせていった。しかし他方、そこにフライヤーにたいする評価と位置づけなどの問題をめぐる感情的な対立から、論争の途中でシェルスキーの戦線離脱をまねくという後味の悪さを残したまま消えている(35)。所詮こうした作業が、個々の研究者の立場を対象から切り離せないかぎり、感情を抑えきれないことをしめしているといえるだろう。

戦後五〇年を経たこんにち、問題をとり巻く環境は大きく変わってきた。かつてのような激しいイデオロギー的な対立は薄まってきたし、また批判を含めて客観的な検討を許す風土も形成されてきたように思える。そしてなによりも世代の交代という現実がある。その点では、むしろ恐れるのは「問題の風化」にあるといわなければならない。

戦後、「日本社會學會」の機関誌として刊行されることになった『社會學研究』(一九四七年)で、社会学の再生について、福武直は、「我國社會學の再建のために―過去への反省と將來の展望―」という一文を寄せ、つぎのような書き出しからはじめている。

「我國の社會學が、明治大正昭和の三代を通じて可成目覺ましい發展を遂げ、先進諸國に於ける斯學に比肩し得る域に到達した、といふことは或點に於いては主張出来ないこともない。然し、このやうなことは、別の面では全然自惚であつたといふことも、現在では掩ふべくもない事實である。といふのは、斯學に與へられた課題が我國の社會學によつて果たされて來たとは言へないからである。そしてそれは、社會學が我國現在の悲境と如何なる關聯をもつかを反省すれば十分であらう(36)」。

ここで福武は、戦前の日本の社会学で水準に達したのは理論社会学だけで、実証的研究は貧しい状態にあったとしたうえで、過去の日本社会学を規定してきた条件として、つぎの四つをあげている。

第一は、戦前の日本の社会学が「外國の新學說の送迎に手一杯の狀態にあった」こと、第二に、「理論研究者と實證的研究者とが分離し、その間の交流が少なかった上に後者が前者よりも輕く考へられる傾向があったこと」、第三に、アカデミーに於ける社会学の立場が、「社會學を科學とするよりも哲學的ならしめ、社會學固有の複雜性に由來する曖昧さと呼應して、それをディレッタント的なものした」こと、そして第四に、「社會學には一定の枠が最初から與へられてゐた」こと、つまり「我國特有の枠卽ち日本國家の特殊性格たる絕對主義的天皇の障壁が强力に作用したのであり、この障壁の故に我國社會學は依然として溫室的環境に安眠することが出來た」ことである(37)。

そしてここで福武は、戦後の日本の社会科学をとりまく状況にあって、マルクス主義との関係を意識しながら、いかに社会学の科学としての自立性を確立していくかという問題にたいし、なによりも「日本社會の具體的現實的分析」が不可欠なことをあげている。

いかにも理論と実証との統一を重視し、民主化を最大の課題としてきた福武らしい発言といえるが、これは当時の多くの社会学者たちにとっても、最大公約数的な見解だったと思われる。

それから半世紀をへた後、日本の社会学は飛躍的な発展を遂げた。その量的な増大は、研究領域の拡大をともないながら、格段の飛躍を遂げてきた。一九八〇年代と九〇年代に焦点をあてたかぎりでも、庄司興吉『日本社会学の挑戦―〈変革〉を読み解く研究と文献―』（二〇〇二年）にあらわれる戦後の日本社会学の歩みは、進行する現実社会の変動過程と響きあいながら、「混迷の状態」から「挑戦する社会学」へと展開をしめしてきたように思える。(38)

いかなる社会科学であっても、その展開を語ろうとするかぎり、経験的な事実の検証にかんする研究の増大とともに、他方、体系の構成にかかわる理論および方法論の問題とかかわっていく。T・パーソンズの言葉を借りれば、こうした実証と理論の関係は、「互酬的相互作用」にあるといってよい。そしておそらく今日の日本社会学のおかれた状況を位置づけるとすれば、経験的な観察と分析にもちいている方法、および資料の質・量のうえからも、高い水準を反映しているといえるだろう。

しかし同時に、こんにち展開されている理論や方法論が、相互的な議論の場を共有しているかといえば、かならずしもその欲求をみたす状態にあるとはいえない。というより分化したそれぞれの理論や立場が、自己安住的な領域のなかで蛸壺的に個々の成果を誇り合っているかのような状況すら感じられる。

もちろんそれだからといって、もしここですぐさま統一的なパラダイムの欠如という点から、一九二〇年代に華麗なまでに個性を競い合ったあげく、やがて消え去っていくドイツ社会学を思い出すとすれば、おそらく早計にすぎるだろう。しかしそれが現在に語りかける問題は、けっして小さなものではない。

先にあげたケーニヒとシェルスキーとの論争のなかで、ケーニヒが、ナチズムによって圧殺される直前のドイツ社会学は、「あらたな発展の力をしめし、またあたらしい局面に踏み込みはじめており、国家社会主義の世界観とは相いれない革新的な〈テーマ〉と〈メロディー〉をとり上げていた[39]」と主張したのにたいして、シェルスキーは、「われわれの社会学のテーマの選択は、この時代に終わってしまった。そのメロディーは演奏され終わり、硬直した戦線と学問は、それじしんのうちにもはや発展する力をもたなかった。このような状態のもとで、学問はナチズムを進行させた社会的、政治的状況に相応していた[40]」という。

両者の主張のどちらに加担するか、おそらく立場は二分するにちがいない。ただここで心にとどめておかなければならないのは、シェルスキーが、ナチズムによる圧力という外的な条件を問題にする前に、自己の知的伝統につよく呪縛されたまま、すでに自己閉塞の状態に陥り、抵抗力を失っていたドイツ社会学の姿をみていたことである。

つまり戦前から戦時中の社会学を問題としていくかぎり、ここではたんに権力側との関係だけでなく、社会科学じしんがもち続けてきた歴史と自己の体質そのものが問われているということである。

たしかにドイツからの亡命社会学者たちが、その後アメリカをはじめとする外国で、さまざまなかたちで発展させていった理論展開をみていくとき、ケーニヒのいうように、このときのドイツ社会学には豊かな埋蔵量をもつ鉱脈があったともいえるだろう。

しかしそれは、亡命地におけるあらたな文化接触によって生みだされたものであり、単純に継続性として語られるものでも、また転移としてとり上げられるものでもない。というより自己閉塞性からの脱却をはたした——現実には余儀なくされた——結果とみるべきだとすれば、問題はこの時期にドイツ社会学がもっていた可能性は、それじしんの力による発展性によるものではなかったともいえるだろう[41]。

これにたいして日本の社会学がしめしたのは、さらに観念的なものだったといってよい。歴史や文化の危機が口にされ、また現実科学への傾斜をしめしながらも、それはあくまでも方法論および理論の次元にとどまるものでしかなく、観念として受容されながらも、現実認識として科学的に主体化されていくことはなかった。これは、社会学理論だけでなく、国策追随的な民族論や文化論についてもいうことができる。

しかしそれは、戦前の社会学が、なんら主体的な課題をもたなかったということではないし、また継続さるべき課題をもたなかったというわけでもない。そうしたひ弱な体質を引きずりながらも、次節でとり上げるように、戦後、日本の社会学が近代化を主題とすることによって、現実と相対したとき、まずこれを支えていたのは、戦前にM・ヴェーバーや文化社会学、あるいは知識社会学をとおしてとり入れてきた市民社会論であり、まがりなりにもその理論をとおして鍛えられてきた歴史意識であった。

また戦後の民主化と社会変動を迎えたとき、日本の基層的な社会制度や構造にたいして、その問題性と実態に迫る道をしめしえたのも、家族および農村社会学の残した分析であり、実証的研究の成果であった。そこからえた認識は、近代化にたいしても、おのずから重い発言をもってのぞむことになる。

くぐり抜けてきた過去は、たんなる歴史のなかの過去ではない。社会学が、本来、歴史的現実の科学的な自己認識として時代の問題を受けとめ、そのさいつねに時代をとり巻く思想と思考の潮流のなかで認識の方法と立場の確定をみていくものだとするならば、そこで求められているのは、そうした歴史にかかわる検討の作業である。

〔注〕

（1）『年報 社會學』「發刊の辭」第一輯、一九三三年。
（2）『社會科學』「形式社會學研究」特輯、改造社、一九二五年。
（3）高田保馬『社會學原理』、岩波書店、一九一九三年、一頁。
（4）『社会学評論』「特集・高田社会学をめぐって」第二三巻第二号、一九七二年。これに収録されているのは、大道安次郎「高田社会学の全体像」、向井利昌「高田社会学における勢力理論」、富永健一「高田保馬の勢力理論」、宇津栄祐「高田社会学理論の諸問題」、稲上毅「高田社会学の理論的下部構造」である。

（5）秋元律郎『日本社会学史—形成過程と思想構造—』早稲田大学出版部、一九七九年、二二一頁以下。

（6）金子勇『高田保馬リカバリー』ミネルヴァ書房、二〇〇三年。

（7）R. Akimoto, Der Zusammenhang zwischen der Soziologie in Japan und Deutschland in den 1920er und 1930er Jahren, in: R. Blomert, H. Esslinger und N. Givovannini (Hrsg.), *Heidelberger Sozial- und Staatswissenschaften*, Marburg, 1997.

（8）内藤莞爾「一九三一年の日本社会学」『立正大学文学部論叢』第八四号、一九八六年。

（9）秋元律郎「新明正道の理論」新明正道、鈴木幸寿編『現代社会学のエッセンス』ぺりかん社、一九九六年、二七〇—二八三頁。

（10）松本潤一郎『社會學原論』弘文堂書店、一九三五年、四〇頁。

（11）R. Lepsius, Die soziologie der zwischenkriegszeit: Entwicklungstendenzen und Beurteilungskriterien, *Soziologie in Deutschland und Ostrreich 1918-1945, Materialien zur Entwicklung, Emigration und Wirkungsgeschichte*, Westdeutscher Verlag, 1981, S.11.

（12）秋元律郎「戦前における日本社会学の展開とその問題」『社会学史研究』第一五号、一九九三年。

（13）柚木寛幸「フライヤーにとっての民族革命とルカーチにとってのプロレタリアート革命」『社会学史研究』第二五号、二〇〇三年、一一九—一二九頁。

（14）川合隆男『近代日本社会学の展開—学問運動としての社会学の制度化—』恒星社厚生閣、二〇〇三年、三四七—三六二頁。

（15）新明正道『人種と社会』河出書房、一九四〇年、「序文」、一頁。

（16）昭和同人会編『昭和研究会』経済往来社、一九六八年、二三五—二五〇頁。

（17）山本鎮雄『時評家　新明正道』時潮社、一九九八年、一一四頁。

（18）秋元律郎　前掲書　三八三頁。

（19）河合弘道『日本社会学原理』昭森社、一九四一年、一三三—一四〇頁。

(20) 川合隆男　前掲書　二三四頁。
(21) 石田雄『明治政治思想史研究』未來社、一九五四年、二一三―二一四頁。
(22) 川合隆男編『近代日本社会調査史（Ⅰ）』慶應通信、一九八九年。
(23) 中野卓「社会学における家の研究―有賀博士の業績を中心として―」喜多野清一、岡田謙『家―その構造分析―』創文社、一九五九年、三四九―三六二頁。
(24) 及川宏『同族組織と村落生活』未來社、一九六七年。
(25) 鈴木榮太郎『日本農村社會學原理』時潮社、一九四〇年、二五頁（『鈴木榮太郎著作集』Ⅰ．未來社、一九六八年、一三七頁）。
(26) 福武直「家族に於ける封建遺制」日本人文科學會『封建遺制』有斐閣、一九五一年、一六五頁。
(27) 喜多野清一「同族組織と封建遺制」同上書　一七七―一九五頁。
(28) 日本人文科学会編「討論」『封建遺制』三二〇―三三二頁。
(29) 戸田貞三『家族構成』弘文堂書房、一九三七年、二一―二二頁。
(30) 喜多野清一「解説―日本における家族社会学の定礎者戸田貞三博士」（戸田貞三『家族構成』（復刻版）新泉社、一九七〇年、四〇三頁、所収）一九九三。
(31) 有賀喜左衞門「追記」（『有賀喜左衞門著作集』Ⅷ．未來社、一九六九年）四四八―四四九頁。
(32) 鈴木榮太郎　前掲書　二四頁（同上著作集、四四頁）。
(33) 細谷昴『現代と日本農村社会学』東北大学出版会、一九九八年、九―一〇頁。
(34) 富永健一「戦後日本社会学の発達とその問題」『社会学史研究』第一五号、一九九三年、三六―三七頁。
(35) 秋元律郎『市民社会と社会学的思考の系譜』御茶の水書房、一九九七年、三一五―三二〇頁。
(36) 福武直「我國社會學の再建のために―過去への反省と將来の展望―」『社會學研究』第一巻第一輯、一九四七年、一六三頁。
(37) 同上論文　一六五―一六七頁。
(38) 庄司興吉『日本社会学の挑戦―〈変革〉を読み解く研究と文献―』有斐閣、二〇〇二年。
(39) R. König, Üer das vermeintliche Ende der deutschen Soziologie vor der Mach tergreifung des Nationalsozialismus,

in: *Soziologie in Deutschland: Begründer, Verächter, Verfechter*, München, 1987, S.350.

(40) H. Schelsky, *Ortbestimmung der deutschen Soziology*, Düsseldorf, 1959, S.36f.

(41) 秋元律郎「〈連続性〉をどうとらえるか」『社会学史研究』第二〇号、一九九八年、三七―四二頁。

第六章

敗戦から一九五〇年代への日本社会学

――再生と反転のプロローグ――

1　近代市民社会への視線

戦後の日本の社会学が、現実から受けとった課題は何であり、その射程にあった問題とはどのようなものだったのかを、探しあてようとするならば、なによりも敗戦によってもたらされた改革と変化の本質がどこにあり、またそこで求められた分析の視座とはいかなるものだったのか、さらにそこでなされた応答のあり方とは、どのようなものだったのかを問うことからはじめなければならないだろう。

いうまでもなくそのさい、まず浮かび上がってくるのが、民主化の要請のもとで受けとめざるをえなかった制度改革と近代化にかかわる課題である。そしてこのような立場から、敗戦直後の日本社会学がとり組んでいった問題をとらえるとすれば、おそらくそれは、つぎの三つにあったといえるだろう。その第一は、近代市民社会にたいする再検討であり、第二は、封建遺制の分析であり、そして第三には、貧しさからの解放である。

いうまでもなくそれは、ある意味では、戦前の日本社会学が積み残してきた問題ともいえないことはない。しかしそこにしめされた関心と研究の基盤は、けっして戦後にはじめて形成されたものではなかった。戦後いちはやく登場する西欧近代の思想的基盤とこれを支える理論に向けられた検討の目線は、いわば戦前の日本の社会科学が抱きつづけてきた問題意識の連続線上で展開されたものであるし、また農村社会における家族、村落構造をはじめ日本社会の基層的制度と構造にかかわる分析は、戦前の農村および家族社会学の実証的な分析と研究を基盤とすることによってはじめて可能なものであった。そして敗戦によって一挙に噴出する貧しさは、戦後の特殊な条件を無視していくことはできないとしても、これを生みだす構造的な問題にたいする分析は、すでに戦前からの課題を担わされながら、実証的な研究の蓄積をみてきたものである。

日本の近代化にあたって、文化的にも政治的にも、自己存在の証明をめぐって免れることのできなかったのが、欧米への文化的、政治的対応だったことはいうまでもない。そしてそれは、ときとして過度の伝統への自尊と自己貶価という両極の綯い混ぜになった意識につき動かされながらおし進められてきた。

もちろん文化接触は、どこでも多くの緊張をともなうものだったし、とくに非西欧地域においては、しばしば耐えがたいほどの衝突と断絶をともなってきた。その意味では、明治以降の日本が経験してきた道のりは、けっして特殊であったわけではない。

しかし一九四五年の太平洋戦争の終結とその後の占領下における経験は、これまで近代化にあたってしめしてきた意識の葛藤を許さないほど激烈なものであったし、また変化の方向性と選択において決定的なものであったといえる。それは、けっしてこの変化が、選択の余地のない外的な力によってもたらされたからだけではなかった。そこには「近代の超克」という幻想の破綻と同時に、圧倒的な欧米の政治的制圧と文化的圧力のまえに、あえなくつい え去った自己確信があった。

戦後は、こうして挫折と破壊からの再生の模索のうちにはじまる。いうまでもなくそれは、敗戦という事実のなかで押しつけられた転換だった。それだけに一般民衆にとって既存の価値体系の崩壊は、大きな心の空白をもたらさずにはおかなかった。またあらたな制度と価値観の導入が、戸惑いをひき起こさざるをえなかったこともたしかである。しかしそれが、まったくの断絶と非連続性のうちにおこなわれたものだったかといえば、そうではない。

どれだけ自己の伝統的文化と折り合いをつけて浸透していったかは別として、明治以降の近代化の過程で、欧米文化はけっして排除されるべきものとして受けとめられてきたわけではなかった。またきわめて限界をもつものであったとしても、政治制度じたいが論議の枠外にあったわけではない。たとえ薄倖な運命をになっていたにせよ、少なくとも大正期の政治的現実のなかで、日本の知識人は、デモクラシーの理念と触れ合ってきた。

というよりは一九三〇年代にはじまる一五年戦争じたい、二〇年代後半の暗転のなかでひき起こされた体制の自己破綻の帰結であったといってもよい。その点では、戦後の課題は、ある面では戦前に熟成することのなかった近代への対応を、改めて政治的崩壊のうちにとらえなおし、そこからの再建と自己確認を求めていくことにあったということができるだろう。この問題と正面から向かい合うことを求められた社会科学や思想史的研究が、なによりもまず近代化を阻害する条件を問うことからはじめなければならなかったのは、そうしたところにあったといえる。

そして戦後の日本社会学も、また過去の遺制に構造的、制度的にまつわる問題と、近代市民社会へ視座をかまえた分析を、まず基軸に据えることによって歩を進めていくことになる。そしてさまざまな思想的タブーからの解放と占領による民主化の方向づけのなかで、この作業は、敗戦直後の研究の課題を形成していく。

戦後、いちはやくはじめられた近代市民社会論にかかわる研究の視角は、まさにそうした意味で、民主化と近代化の要請のなかで、戦前から課題とされてきた問題の継続性を含みながら、戦後の再建に向けた現実的要請に促されていったものといえる。そして過去の遺制からの脱却と、それを支える制度およびイデオロギーの再検討の作業を進めていくにあたって、つねにこれを先導してきた民主化の概念は、M・B・ジャンセンの表現を借りるならば、「身近な過去の非合理性にたいする祓い」(a exorcism of the irrationality of the recent past)(1)としての役割をもたされてきたといってよい。

この時期に近代市民社会論の文脈から思想史的な検討の課題を背負って登場してくる研究の多くは、こうした視点をはなれては語りえないものであるし、またそれらの分野と触れ合うかたちで展開されているところに特徴をみることができる。たとえばA・ファーガソン、A・スミス、F・リストなどにたいする思想史また理論的視点から向けられていった研究や翻訳、あるいはM・ヴェーバーをはじめとする近代社会論や方法論的検討などは、このような問題意識のもとですすめられていったものといってよい。

大道安次郎、高島善哉、内田義彦、出口勇蔵、青山秀夫たちの研究は、いずれもこうした問題意識を鮮明にしめしたものだったといえよう。たとえば経済学者としての高島が、あえて「社会学とは何か」という問いかけによって伝統的な観念への執着を振り払うことを求めたとき、そこには「現代を大いなる過渡期として把握する」という視点があった。そしてこれを主題としていくとき、こうした現実感覚にささえられた経済時代の社会学としての経済社会学があらわれ、「この現実感覚を体系化する方法」が問題とされることになる。その問いが、高島にあっては、スミスとこれにたいするリストにおいて「市民社会の構造を読み取る」という課題と結びついていく(2)。

いうまでもなくこのような現代的関心に直結した学説史的研究は、ここで多くの個別的な研究とその成果を共有する。小林昇、藤塚知義、あるいは大道安次郎たちをはじめとする経済学や社会学での研究は、いずれもそうした試みを分け合ったものだった(3)。そしてそれは、高島じしんの言葉をもってすれば、「未だに前市民社会的なるものへの戦いを中止することができないわが国特有の事情からきている(4)」ということになる。

またこのような近代市民社会に視点をおいた研究は、社会学の領域においても、相互に共鳴し合いながら積極的に展開されていく。武田良三、清水幾太郎、阿閉吉男たちの近代市民社会論研究や大道のスミスおよびファーガソンについての研究と翻訳の作業、あるいは近代社会思想にかんする樺俊雄、坂田太郎らによる研究は、いずれもつよい歴史意識をもってこの問題に接近をはたしたものといってよい(5)。

そしてこうした近代市民社会にたいする研究が、戦時中に中断した基盤の継続性のうえに、ある種の挫折感をともないながら、あらたな現実のなかで再検討の課題につなげられていったものだった。このことは、戦後間もなく既発

表論文を再録して刊行された清水の『市民社會』(一九五一年) の短い解題にも垣間見ることができる。(6)

その意味では、おそらくM・ヴェーバーに向けられた関心も、たんなる社会科学方法論や社会学理論にかかわる研究としてではなく、合理化過程にたいする問題を意識的に介在させることによって、西欧近代にたいする分析を浮き彫りにしながら、これをみずからの課題にとり込もうとした動きとしてとらえていくことができるだろう。

戦前からすでに新明正道、岡田謙、尾高邦雄、大塚久雄、戸田武雄、出口勇蔵をはじめとして社会学、経済学、思想史の領域を中心に活発におこなわれてきたヴェーバー研究は、時代とともにその関心を移行させながら、一九三〇年代の半ばを超える頃には、ひろく論議の場を広げていた。(7) そして丸山真男によれば、戦時中にかけて、これらの研究は、東洋社会論に向けられた関心とともに、経済的エートスをめぐる問題、研究者じしんの主体的態度としての社会科学的認識にかかわる方法論的論議、および歴史的状況における行動主体としての権力国家論という側面に問題意識を収斂させていくといわれる。丸山は、これらの動きをさして、「いずれも、いわばヴェーバーの主体的理解への志向として一括できる(8)」としているが、戦後のヴェーバー研究がこうした問題意識と基盤にたちながら、これと密接な関連をもって展開されてきたことはいうまでもないだろう。

つまり戦時下に、ある一定の目的意識をもって意識されてきたヴェーバー研究が、ベクトルの逆転した戦後の状況のなかで、改めて研究者の主体的理解の問題を含めて検討を求められていったとき、それはきびしい歴史意識をもって対象化されると同時に、戦後社会科学の再建という課題を背負っていくことになる。

その意味からも、いまその動きを振り返るとき、戦後のヴェーバー研究は、なによりも戦前との連続性を除いては論じることはできないし、またその遺産を基盤としているかぎり、そこで培われてきた視座と理論展開が問題とされなければならないことになる。

たとえばこうした戦後の初期の段階で出会うヴェーバー研究のひとつとして、山田雄三、清水幾太郎、青山秀夫、出口勇藏、武藤光朗、増田四郎、尾高朝雄、堀米庸三、日高六郎を執筆者とした『マックス・ウェーバー研究』（一九五〇年）[9]をとってみよう。その背後にみえるのは、きわめて裾野の広い戦前からの研究の持続性である。ちなみにその前年に刊行されている出口の『經濟學と歴史意識』（一九四九年）は、戦時中にだされた著者の方法論史的研究の再版であり、[10]これにたいし青山の『マックス・ウェーバーの社會理論』（一九五〇年）に収められている論文は、戦後に書かれたものだが、いずれも戦前の研究との継続性なしにはとらえることのできないものである。

その点、青山の著作にみられる構成（I．社會科學の方法、II．近代的と前近代的、III．政治と倫理）は、この時期のヴェーバー研究のかかわる問題領域を見事にしめしているということができよう。そこで論議されているのは、ヴェーバーの行為理論、理念型をめぐる方法論、近代資本主義経済の合理性、支配の型をめぐる中国社会観、および国民主義と自由主義の問題であり、これまで課題とされてきたものである。[11]

そしてこうした継続性のうちに、ヴェーバー研究が、戦後の時代状況のなかで、つよい歴史意識に支えられた問題性をもったとき、あらたな視座を用意していくことになる。おそらく近代化の合理性の追究をその焦点とした立場は、そうしたヴェーバー研究の方向性を、その時代経験のうちに、もっとも鮮明にしるしていったものといってよい。

その点、戦後のヴェーバー研究において先導的な役割をはたしていく安藤英治が、戦前および戦時中の研究に触れて、その「遺産を受けつぎ、〝戦中派〟と呼ばれる世代の歴史意識を通してウェーバーの中に流し込んだ」といい、自分の立場と観点が、「この時代的制約を、同世代の恐らく誰よりも、強く受けているのではないか」というとき、[12]そこには戦後のヴェーバー研究に投入された問題意識が、きわめて鮮烈にしめされているということができる。

そして安藤のばあい、ヴェーバー研究のひとつの大きな課題が、「合理化」概念の検討をとおして近代の問題性を問うことにあったことは、その研究の射程のなかにH・ピレンヌやC・ドーソンの歴史意識への視座が組み込まれているところに、はっきりとみることができる。

もちろん戦後のヴェーバー研究の展開を追っていくとき、けっしてこれを限定された枠のうちにとどめておくことはできない。というよりどの国よりも厚い研究者の層に支えられた日本のヴェーバー研究は、その後われわれがフォローしていくことが困難なほど、広い問題領域に跨がって理論的な展開を遂げていく。そしてそれは、戦後の日本の社会学のなかで、計り知れないほど重要な位置づけをもつことになる。

ただそうしたことを踏まえたうえで、ここで指摘できることは、戦後、社会科学者たちをとらえたヴェーバー研究が、戦前から引き継がれた土壌にあって、その方法論やエートスの概念の検討をとおして、近代への視線をつよくもってきたということである。そしてその点では、合理化の問題を基軸としたヴェーバー理解じたい、戦後の日本においては近代化にかかわる主体的な課題のもとに受けとめられていたということである。

そしてこのような西欧近代の思想や理論に応答を求める作業は、あらためて戦後状況のなかで、近代社会科学および哲学の理論を支える歴史意識に深くかかわりながら、その検討を促していく。すでにあげた出口や高島の研究などは、いずれもそうした傾向をつよくもつものだった。また樺俊雄をはじめとする文化社会学や歴史社会学の研究のうちにも、その動きをつよくみることができる。

樺の『歴史社會學の構想』（一九四九年）は、既発表の論文の収録というかたちをとっているが、これを歴史社会学という視角のなかで試みようとした作品のひとつといってよい。ここで問題とされているのは、伝統、民族共同体、ヘーゲルと市民社会、イデオロギー論にみられるつよい時代性と、そこにみられる歴史意識の検討にある。そしてそれが、たんに理論的な側面からだけではなく、方法論的視点をとおして、転換期の歴史認識に深く結びつくことが求められていたところに、なによりも特徴をみることができる。[13]

おそらくその意味では、彼の『歴史主義』(一九五二年)は、そうした意図をきわめて色濃くしめしたものといってよいだろう。ここで樺が問題としているのは、「社會の危機を前提とし社會の危機を認識する場合にはじめて成立するごときプロブレマティークを含む」ものとしての歴史主義であり[14]、戦前から樺が追究してやまなかった主題だった。そして彼は、これをW・ディルタイと歴史的理性、E・トレルチと歴史主義、ヘーゲルと世界史、あるいはK・マンハイムの検討をとおしておこなおうとした。

そしてこのように歴史意識そのものを問題としながら、現代と向かい合っていくとき、それが戦前から戦後の状況のなかで、社会科学者の主体的な問いかけを含むものとして、つよい意味をもっていたことはいうまでもない。その点でも、戦後日本の社会学は、けっして戦前と断絶したかたちで展開していくわけではなく、むしろ連続性のなかで、あらたな現実との対応と理論化をおし進めていくことになるといってよいだろう。

2　変革と遺制の相剋

制度変革が外からの力によってなされるとき、その進行の過程は、きわめて圧縮されたかたちで短期間に遂行され、しばしば過度の圧力と緊張をもたらすことになる。戦後日本の変革が、まさにそうだった。

たしかに近代化にあたって、明治維新以降に経験してきた革命的な変化は、伝統的社会にとって、衝撃的なものをもっていた。そしてその後の過程でおこなわれてきた変革は、伝統的な価値観や制度とのせめぎ合いのなかで、さまざまな歪みをともないながら進められてきた。このことは、近代化の道筋が西欧からの制度の導入なしには描きえなかったことを考えるならば、当然のことだったといえよう。

しかし一九四五年にはじまる戦後改革は、敗戦という事実とアメリカ占領軍の支配下でなされたという点で、それまで経験してきた変化をはるかに上回るものだったし、また激烈な衝撃をともなうものだったといってよい。

ここで否応なくおし進められていく変革が、憲法改正、農地改革、財閥解体といった法的・政治的制度と社会・経済構造の基盤に深くかかわるだけでなく、過去の支配的な価値体系と遺制の清算までめざす改革にあったことは、改めて指摘するまでもない。

戦後の社会科学が受けとった課題もまた、こうした変革への対応にあった。というよりそうした変革にあたって、これまで日本社会を支えてきた社会構造、および精神構造の基層にひそむ問題を解きあかすことによって、社会の再建にこたえることが、最大の目的だったということができるだろう。

社会学もまた、こうしたなかで現実的な課題を受けとることになる。まず向かい合うことを求められたのが、近代化にかかわる諸問題だった。家族制度、村落構造、あるいは封建遺制の分析などは、いずれもこうした課題と直接にかかわるものであったといえる。

いうまでもなくそこで求められていたのが、「民主化」であった。そしてそれは、戦後の社会学において、たんに理論やイデオロギーだけでなく、実証的研究においても欠くことのできないあらたな転換の座標軸を支える問題意識だったということができる。

これを、経験的な研究の領域でもっとも強烈に受けとめ、現実との対応をはたしていこうとしたのが、農村社会学だったといってよい。おそらくその点では、戦後の農村社会学の展開のなかで大きな役割を担っていく福武直の研究の軌跡をたどっていくとき、きわめて分かりやすいかたちであらわれてくる[15]。

すでに述べてきたように、農村および家にかんする研究は、戦前からの研究と業績を、もっとも蓄積した領域であった。またもっとも経験的な検証に耐える実証性をもった領域だったということができる。民主化への歩みのなかで、敗戦直後に社会学は、まずこのような研究の基盤にたって、農村および家族を対象として展開をみせていくことになる。そして同時に戦後社会の変革と現実のなかできびしい課題を背負わされたのが、労働および労働者調査だったといえよう。周知のように社会学も、この動きと呼応しながら、労働組合、労使関係、職業、労働者生活をはじめとする多彩な労働調査の活動を展開していくことになる。

これについて有賀喜左衛門は、つぎのように回顧している。「一九四五年の敗戦以後、日本文化ないし日本社会の性格について封建性や封建遺制を指摘することが激しい流行となったのは、いまでも記憶に新しい。そしてこれは日本社会の日本的な性格が民主化や近代化を阻害するものであるとみる否定的評価につながるものであった[16]」。おそらくそれが、もっともひろく共有された問題意識だったということは、その後の展開をみていくとき、はっきりとあらわれてくる。

戦後の農村社会学は、いわばこうした状況のなかで、日本社会の基底的な構造と制度にたいし経験的な分析を進めていくことになるが、福武のつぎの言葉は、その点、これを端的にしめしたものといえるだろう。「我國の民主化、すなわち古い社会から人間を解放しその解放された人間をして新しい社會を建設させるために、農村社會の変革を至上命令としなければならない」。

福武の『日本農村の社會的性格』（一九四九年）にあらわれる一連の研究は、こうした視点から農村の民主化を阻む条件の分析に向けられた経験的な研究成果をしめしたものといってよい。ここで福武が民主化にあたって問題としたのは、「集約的農耕に基礎をおく過小農的社會の宿命」として、主体的な人間として自己を自覚することをさまたげている家族主義と、これに基礎をおく村落の結合構造である。

福武は、こうした認識にたったうえで、さらに農業生産力の発展段階を視点に組み込んでいく。「東北型農村と西南型農村」という農村社会の結合の形態、あるいは「同族結合と講組結合」という類型化は、そのひとつの結論であったといえる。(17)

とはいえこの福武の主張は、有賀のいう家連合をそのまま村落構造の類型に移し入れたところに無理があったし、また福武じしん、後にこの二分類的構成の不十分さを認めている。しかし細谷昂も指摘するように、ここで福武が農村社会学の分析のなかに生産力の発展段階の視点をとり入れ、また「過小農制」という経済的要因に説明の手がかりを求めたことは、十分に評価されなければならない。そしてすでに述べたような民主化の促進を求められている戦後の条件のなかで、経済学との交流のなかで問題の展開をはかっていった功績は、その後の社会学の歩みをみていくうえでも特筆されてよいだろう。(18)

そして農村社会学が、このような指向性に支えられながら戦後社会と向き合い、その現実分析を挑んでいったとき、そこには柄澤行雄のいうように、いくつかの特徴があらわれてくる。

第一は、社会学の農村調査が、他の社会諸科学との密接な関連、ないし緊張関係のなかで展開してきたことであり、第二は、そこで共同調査としておこなわれてきたものが少なくなかったということである。そしてそれらの調査が、たんに社会学の分野だけではなく、他の社会科学との共同・総合調査として進められてきたことがあげられる。後に触れる「日本人文科學會」や「九学会連合」を母体とした調査や研究などは、その代表的なものといってよい。そして第三に、これらの調査は、その対象や内容において扱ってきた領域がきわめて広く、多岐にわたるということであり、第四は、歴史的な視野である。

柄澤は、これについて、「それらの構造と変動を全体社会の歴史的な展開過程のなかで捉えようとしてきた」ところに特徴があると指摘しているが、家・家族、親族・同族、村落構造、農村および農民組織・集団、農業政策、農業経営・労働、農村文化、生活構造、階層・階級、農民意識、あるいはこれと関連して展開されてきた都市、および地域社会の分析などをみていくとき、まさにそれは、「日本の社会学それ自体が全体として対象としてきた主題の全てを含む[19]」といっても過言ではない。

とくにこうしたなかで戦後の農村社会学が課題として意識してきたのが、農村家族制度と地主制であり、また農地改革をめぐる農村社会の構造的な変革と農村自治にかかわる問題だった。そしてその分析にかかわる基盤をみていくとき、いずれも戦前からの農村社会学の研究の蓄積と継承という問題につきあたることになる。

日本の農村社会学は、すでに大正から昭和初期にかけて小河原忠三郎、井森陸平、笠森傳繁たちの先駆的な作品があるとはいえ、一般に昭和一〇年代における有賀喜左衛門や鈴木榮太郎の業績を基盤として成立したといわれる。その成果をしめすものが、有賀の『日本家族制度と小作制度』（一九四三年）、また鈴木の『日本農村社會學原理』（一九四〇年）だった。そしてそれは、戦後の農村社会学の展開を約束するかけがえのない基盤でもあった。

その点、戦後の農村社会学や家族研究をみていくとき、有賀、及川宏、喜多野清一らの家族と同族・家理論、あるいは鈴木の自然村の理論から目を逸らすことはできないし、またそこでの問題の継承をはなれて考えていくことはできない[20]。蓮見音彦が、戦後の農村社会学の展開をとらえるにあたって、そうした理論的な連続性にたったうえで、「戦前の農村社会学の一つの重要な成果である同族的な家連合が、戦前の〈社会関係における日本民族的特質の把握〉という視座を離れて、前近代的な社会からの移行という課題にそった形での農村把握の論理の中に包含されたこと[21]」を指摘しているのも、こうしたところにある。

そして蓮見は、この時期の農村社会学の特徴を、同族的な家連合あるいは同族統制を中心とした村落が、地主制ないしその遺制との関連の下でとり上げられ、村落構造が階層構成を基盤としてあきらかにされると同時に、農地改革をめぐる論争の過程で「村落共同体論」が提起されているところにみているが[22]、まさに敗戦から一九五〇年代前半にかけて主題としていたのも、そこにあった。

いわばこうした脈絡のなかで村落共同体論をとらえていくとき、そこで問題提起のうえで重要な意味をもつことになるのが、大塚久雄の共同体論であったといってよい。大塚の『共同体の基礎理論―経済史総論講義案―』(一九五五年)は、その点、アジア的、古典古代的、ゲルマン的(封建的)という基本類型から、共同体の本質、およびその成立と解体の諸条件を理論的に見通していく作業によって、共同体論に重要な分析視角の導入を促したものとして見逃すことのできないものである。

そして同時にここでは星埜惇『日本農業構造の分析』(一九五五年)などが、古島敏雄 編『日本林野制度の研究―共同體的林野所有を中心に―』(一九五五年)、中村吉治『村落構造の史的分析―岩手縣煙山村―』(一九五七年)、あるいは潮見俊隆他『日本の農村』(一九五六年)をはじめとする実証的な研究とともに、戦後の農村における共同体にたいして貴重な分析の視角と研究成果をもたらすことになる[23]。

さらにこうした日本の農村の構造的な基底にかんする経験的な分析の展開にあたって、つよい示唆と刺激をあたえていったのが、戦後民主化にたいするきびしい問題意識のもとに、農地改革にかかわりながら地主制研究をおしすすめていった調査研究だった。

その中心的な役割をはたしたのが、古島敏雄を核とする共同研究だったといってよい。『山村の構造』(一九五二年)、『寄生地主制の生成と展開―京都府乙訓郡久我村の実証的研究―』(一九五二年)、『割地制度と農地改革』(一九五三年）にみられる研究は、いずれもそうした共同調査の結果をあらわすものであり、農村民主化における「むら」の分析をとおして「村落構造」のかかえる問題を提示したものといわなければならない[24]。

こうして戦後の農村調査を追っていくとき、民主化の課題のもとに、相互に問題意識を共有しながら展開していく一連の動きをみていくことになるが、そこで避けてとおることのできなかったのが「家族制度」の問題だった。

そしてそれは、けっして社会学の領域だけに分析を求められてきたわけではなく、ひろく社会科学の領域で進められてきた作業でもあった。たしかに社会学は、家族制度について戦前から理論的にも、経験的な調査研究においても、もっとも厚い蓄積の層をもつ部門であったといってよい。しかし戦後の民主化の要請のなかで、さらにそれは、制度およびイデオロギーにかかわる問題として登場してきたとき、個々の専門領域の垣根をこえて、広く論議の場をもつことになる。

おそらく川島武宣や磯田進らの法社会学からの研究は、そうした意味でも、もっとも注目すべき業績であったといってよい。そしてそれは、古島たちの地主制の研究と同様、家族研究をとおして農村社会学の研究と切り結んでいくだけでなく、日本社会の家族的構成と制度、およびイデオロギーの分析にとって重要な示唆をあたえていくことになる。これらの動きにあって、家族制度にかかわる研究として、もっとも注目されなければならないのが川島の業績だといえよう。

いまわれわれが、戦争直後に書かれた川島の論集『日本社會の家族的構成』（一九四八年）を再度繙くとき、そこから戦前の日本の家族制度の特質、とりわけその制度的な特徴と規範意識に支えられた法的、およびイデオロギー的な性格の分析をとおして、何が戦後の改革にさいして問題とされなければならなかったのかを知ることになる。川島の『イデオロギーとしての家族制度』（一九五七年）は、おそらくその意味では、この問題を法制度の立場から追究していった最大の業績であったといえるだろう。

前者は、民主化の視点から、家族制度と日本社会について論じた論稿を集めたもので、日本社会の家族構成からみた日本封建制のアジア的性格、家族生活における法意識と観念形態としての〈孝〉と家族制度における規範意識、および新憲法と家族制度にかかわる民法改正の問題などから構成されており、敗戦直後における論議の所在をつぶさに伝えている。[25]

また後者も、論集としてまとめられたものであるが、家族制度を貫くイデオロギーの構造と機能、イデオロギーとしての〈孝〉と〈恩〉の性格、民法における親族の概念、近代的婚姻の検討をとおして、家的家父長制としてとらえられる家族制度の本質があきらかにされることになる。そしてここでは、さらに家族制イデオロギーの外にある習俗として志摩漁村の寝屋婚・つまどい婚がとり上げられると同時に、さらには家元制度をとり上げることによって、日本の社会秩序をささえてきた家族制度イデオロギーとその実態にたいする解明が試みられていく。[26]

そしてすでに述べたように、このような問題意識の共有と研究の進展のなかで、社会科学の諸領域にまたがる研究として産み落とされたのが、日本人文科学会の『封建遺制』（一九五一年）だった。

この総合研究は、戦後まもなく、文部省の肝入りで発足した人文科学委員会を母体とする「日本人文科学会」が、一九四八年の総合研究の課題として封建制度の問題をとり上げ、翌一九四九年にこれと関連しておこなわれた調査の結果にかかわるものである。この調査については、一九四九年一一月二五日から三日間にわたる大会での研究者の報告と討論をもつことになるが、『封建遺制』は、これを整理したもので、歴史学、経済学、法学、社会学、教育学、歴史地理学、宗教学などの参加をみている。

そしてここでも課題となっているのは、「敗戰後、新たに民主化もしくは近代化の方向に再出發した日本が、はたして所期の方向にむかつてすこやかな歩みをつづけ得るか」というところにあり、昭和時代になって極端な国家主義や軍国主義を生む有力な地盤となった「封建主義の殘滓」をあきらかにしていくところにおかれていた[27]。

なおこうした封建遺制につづいて、日本人文科学会がつぎに課題として設定したのが、「社会的緊張」である。しかしそのテーマの選定にあたっては、その他にもいくつかの要因が絡んでいた。

そのひとつは、一九五一年七月に日本もユネスコに加盟し、これに呼応した態勢をとる必要があったことである。このときユネスコは、日本の青年層の「緊張」の調査を計画しており、これにたいする自主的協力というかたちをとることが求められたことである。つまり戦後の研究事業として、はじめて国際的な意味をもたされたのが、この調査だったといってよいだろう。

もちろんここで社会的緊張がとり上げられるにさいして、変化へ対応する日本社会じしんの問題が、その根底にあったことはいうまでもない。これは、封建遺制につづいて社会的緊張がテーマとして採択されるにあたって、この調査が「國際的な意味をもつ事業であるが、日本人の社會に見られるさまざまな〈緊張〉の態度は、封建遺制に由來するところがすくなくない[28]」と述べられているところからもうかがうことができよう。

こうして実施されたのが「社会的緊張」の調査であり、その研究結果と討論の結果をまとめたのが、日本人文科学会編『社會的緊張の研究』（一九五三年）である。そしてここでは、家族生活における緊張関係、派閥と派閥意識、地域社会内部における緊張関係、宗教生活における緊張、経済生活における緊張関係、思想的緊張関係、青少年の問題、および被差別住民と在日異民族についての調査研究が展開されていくことになる[29]。

3　貧しさからの解放

戦争の終結とそれにともなう軍国主義の崩壊、そしてアメリカ占領軍の駐留によって強力におし進められる民主化は、憲法改正、財閥解体、農地改革、教育制度の変革といった一連の制度的な改革のなかで、旧い体制の軛からの解放を促していった。しかしいうまでもなくそれは、ただちに日本社会の基底にひそむ遺制や貧しさからの脱却を約束するものではなかった。

戦後の民主化の過程は、じつはそうした旧い社会的拘束や慣習からの解放とともに、貧しさからの離脱でもあったといってよい。もちろんそこには、敗戦による国土の荒廃と経済の疲弊という現実があった。しかしそれは日本社会に深く根ざす構造的な問題としてとらえられなければ、けっして解決の道筋を約束されることのないものだった。

その点、農地改革も、けっして地主制と貧しさからの解放として受けとめられていたわけではなかった。その評価は、大きく分かれていただけでなく、政策のうえでも、また現実においても改革の行方を明るくてらしてはいなかった。

その現実が、どのようなものだったか。一九五二年に、おおきな反響をよんだひとつの共同研究が、『中央公論』に連載されている。その翌年に単行本として刊行されることになる『貧しさからの解放―農村・漁村・山村問題入門―』（一九五三年）、および『續・貧しさからの解放』（一九五四年）である。おそらくこの近藤康男を中心とした報告が、多くの人びとの関心をひきつけたのは、いささかルポタージュ的な手法を交えた実態描写のみごとさもさることながら、貧しさの構造に踏み込むことによって、なお日本社会の根底に深くひそむ貧困の根を厳しくみつめなおすことを求めていったところにあったといってよいだろう。

「現實の一番底に横わっている事實は、農民や漁民の貧困ということであると思う」という認識から出発したこの研究が、そこで理解の起点においていたのは、「農山漁村の貧乏と、貧乏なるが故にいつまでも脱し切れないところの舊い封建的な窒息させるような生活[30]」であり、そこからの解放であった。

こうしてここではプロレタリアの貯水池としての農村が、解放なき農地改革という視点からとり上げられ、また漁村の社会秩序と山村から消えずにいる労働組織が俎上にのせられていくことになる。そして続編では、連載中に寄せられた読者からの反響にこたえて、農業協同組合と漁業協同組合のかかえる問題が、民主化へのたたかいのなかで検討の対象とされていく[31]。

いうまでもなく農地改革は、寄生地主制を解体させたにもかかわらず、山村はその対象からはずされ、農村民主化の現実と改革にたいして多くの論議をよんでいた。先にあげた『封建遺制』において問題とされていたのもそこにあったし、また『貧しさからの解放』の共同研究が主題においていたのも、そうしたなかでなお農地改革後も残存する地主制的ヒエラルヒーとその再編に向けられていた。

その点では、いわば農地改革にたいする評価は、改革以後の村落に地主支配の存続をめぐって、経済学および社会学をはじめとする戦後社会科学に共通した課題として意識されていたといえよう。とくにマルクス主義経済学にとって、地主制の解体と農業変革の方途をめぐる問題は、この時期にひとつの重要な論議の的となっていたといってよい。いずれにせよこうした農地改革後の現実が、たんに理論的にも、また実証的にも分析が急がれていただけでなく、戦後農村の民主化にとって、もっとも基本的な問題として論議をよんでいたことはたしかだった[32]。そしてそこには、つねに農村社会のかかえる貧困の問題が、消し去ることなくついてまわった。

しかし戦後の日本の社会科学が応答を迫られたのは、農村の問題だけではなかった。その試みのなかで、その後の研究と結びつく貴重な経験的調査が、いくつもの領域で生みだされていく。

いうまでもなく敗戦直後、激しい変化の波に洗われたのは、農村だけではなかった。貧しさは、日本全土を覆っていた。その疲弊しきった姿は、とくに都市において凄惨な有り様で映し出されてくる。焦土と化した都市にはバラック建ての小屋が並び、ヤミ市の喧騒に包まれた市街地の傍らや駅構内には、浮浪者や戦災孤児があふれ、食糧難と壊滅的な経済が人びとの生活を襲っていた。

大河内一男が学生たちと調査に着手したのは、敗戦直後の一九四五年一一月のことである。このとき大河内は、敗戦後の日本が直面している経済問題を、「食糧」、「インフレーション」、および「失業」の三つにあるとみて、その実態の把握にのりだしている。

その調査は、まず「東京都に於ける壕舎生活者調査」（一九四五年一一月）にはじまり、さらに「東京都に於ける浮浪者調査」（同年一二月）が実施され、つづいて一九四六年の三月から四七年八月にかけて新宿、上野、新橋のヤミ市を中心とした「戦後における露店市場」へと進められていく[33]。

なかでも「東京都に於ける壕舎生活者」の調査は、敗戦後二カ月という時期におこなわれたものであり、問題意識の強烈さはもとより、その素早い対応と調査内容の質の高さに驚かされる。このときアメリカ軍の無差別爆撃により焼け野原となった都市での壕舎生活者は数十万人と伝えられ、東京都だけでも越冬することのできない状態の壕舎は、約二万戸、壕舎生活者は約十万人といわれていた。大河内の調査は、こうした東京都における壕舎を対象としたもので、東京都三五区四八五戸、千葉市五戸について、調査票にもとづく個別訪問による聴取調査の方法で、約三〇人の学生によっておこなわれている。

この調査は、すでに述べたように、越冬というさし迫った現実を前にしておこなわれたものだけに、焦点は、なによりもその実態把握に向けられている。しかしそこでは、たんに生活調査として壕舎の設備、家計、壕舎生活をよぎなくされている原因、公債・見舞金・保険金の払い戻しと支給、および相互扶助の実態の解明が試みられているだけでなく、行政や警察の対応、生活不満、政治への要望、さらには選挙、婦人参政権、天皇制の存否についても調査項目に含まれており(34)、いわば世論調査としての性格をもっていた。

また大河内は、同年一二月に、「東京都に於ける浮浪者」の調査を、上野駅とその近辺、浮浪者収容所にあてられていた上野の桜ケ丘国民学校、および浅草本願寺を対象としておこなっている。これも敗戦による工場労働者の大量解雇、徴用解除、および復員といった敗戦直後の状況が生みだした社会問題に向けられたものであり、きわめて緊急性の高い調査内容をもったものだったといってよい。

この調査は、学生延べ三五人によって、事前調査の後、面接調査によっておこなわれているが、ここでもその実態とともに意識調査がふくまれている。まず被調査者の年齢、性別、配偶関係、縁故関係、所持金、就業、身体的条件、教育程度、就業意欲等にたいする分析が基礎となっている。なおそのさいいくつかの事例調査が併用されているが、これは、被調査者の性格からみてきわめて妥当な方法ということができよう。

そしてこれらの調査が、いずれもつよい具体的な対策の実施を促す意図をひめたものだったことは、報告書の文面からひしひしと伝わってくる。そこで強調されているのは、浮浪者がたんなる救済の対象としてしか認識されず、「正しい意味での〈政治〉そのものの問題として正当に取上げられず」にいるという現状である。この調査は、その現実にまず目を向けている。

しかしそうした問題意識をつよくもちながらも、調査じたい、けっして政策的な視点に偏ったものではなかった。そこでなによりも対象とされていたのは、現状分析による実態把握であり、その背景にある戦後社会のかかえる問題だった。

この調査では、「戦時型」ないし「敗戦型」とよびうるあたらしい浮浪者の存在がとらえられている。そこで認識を求められているのは、もちろん浮浪者の類型化にあるのではなく、戦後社会の抱える構造的な問題のなかでうみだされてくる浮浪「予備軍」の存在とその性格の把握にあった。

そして同時にここで注目しなければならないのは、こうした浮浪者の実態分析をつうじて、かつて失業時にその受け皿となっていた農村の崩壊が指摘されていることである。

つまりこれまで「日本資本主義のあわただしい展開に対して、廉価な労働力をたえず必要に応じて提供すると同時に、工場労働者を低賃金に制約し続けたという積極的意味において、又経済機構の〈安全弁〉として〈恐慌、不況の実質的負担者〉として失業人口を吸収し、〈産業負担〉を軽からしめたという消極的意味において」とらえられてきた農村が、すでに変質しているというのが、この都市の浮浪者の調査をつうじてみいだしたひとつの結論だった。そしてこの調査分析では、日本経済の「安全弁」として不可欠的な存在とされてきた農村が「すでになく」、それどころか、「彼等を吸収するどころか、逆に排出しつつある」[35]という認識がしめされていく。

いうまでもなくこの結論は、さらに経験的な分析によって検討をくわえられなければならない性格のものであり、また日本の農業への展望のなかで、村落構造の変化および農民層分解論をも視野に含んだ問題として、農地改革をまって改めて論議を求められなければならないものだった。しかしそうした問題が、都市における失業の実態にたいする経験的な調査をとおして提起されたところに、なによりも注目する必要がある。

なお一九四七年には、大河内は、東京大学社会科学研究所を場として「戦後労働組合の実態調査」を開始する。そしてこのような一連の経験的な調査を基盤とする研究の進展をみていくとき、辻勝次の指摘するように、戦後の労働調査の展開が、社会的現実への対応の点で、「戦前からの社会政策学の伝統を持つ経済学者」によって、「動きにおいて素早く、また組織的」におこなわれていった事実をみることになる[36]。

もちろん社会学も、そうした研究の基盤をもたなかったわけではない。少し遅れて社会学においても、東京近辺の工場を対象とする労働者層の生活態度の調査が、尾高邦雄を中心としておこなわれ、またこれにつづいて戦後の爆発的な労働組合の結成と運動の展開を背景としながら、さまざまな研究者やグループによって労働調査が進められていく。そしてこの時期には、あらたに組織化をみていく労働組合と、疲弊した経済と激動する国民生活の現実のなかで、多様な実態調査が繰り広げられることになる。

いうまでもなくその後、多彩な研究活動に支えられながら展開していく労働社会学や職業社会学をみていくとき、これを促してきた要因は、けっして単純ではない。しかし戦後の民衆の窮乏という現実のなかで、まず生活者の実態調査というかたちでその活動がはじまっていったことから目をはなすことはできない。

そしてその背後に、なお将来にたいする展望をもちえないまま民主化を急ぐ現実への暗い目線があったことはたしかである。少なくとも一九五〇年代にかけて、戦後の社会科学がとらえてきたのは、貧しさと旧慣的秩序から脱し切ることのできない日本社会の構造であり、また過去の再生産のおそれのなかで摑みきれずにいる変化の行方だった。暗い日々の記憶は、深く人びとの心に刻まれており、高度成長がはじまった時期においても消えることはなかった。それほど過去のひきずる現実は重く、絶えず歴史と結ぶ地平でなければ認識されえないものだった。

そうした状況を物語るように、経済の高度成長が足音をたかめてくるなかで、どぎつい表題をもったひとつの作品があらわれている。一九五九年から五部作として出版された『日本残酷物語』である[37]。

このシリーズは、第一部「貧しき人々のむれ」、第二部「忘れられた土地」、第三部「鎖国の悲劇」、第四部「保障なき社会」、第五部「近代の暗黒」という構成をもち、過去との接点のうちに現代が炙り出されてくる。そこにあらわれてくるのは、過去の世界の底辺にうごめく窮民であり、弱者であり、飢えの記録である。そして掘り起こされていくのは、歴史の表から抹殺されかねない土地に生き、また秩序におし殺されていく人びとの生活だった。その歴史は、いうまでもなく近代をとおして、現代への再認識を迫っていく。

刊行の言葉に、まずあらわれてくるのは、「流砂のごとく日本の最底辺にうずもれた人々の物語」である。しかしその「抹殺されるほかない小さき者の歴史」によって描き出された世界は、けっして非日常的なものではない。ごくあたりまえの民衆層に受けとめられた生活の断面として、現代に語りかけていく事実である。(38) いいかえるならば、この『日本残酷物語』にあらわれてくるのは、一般庶民が払拭し切ることのできない現実としての歴史から語りかけてくる世界だったといえよう。

すでに高度成長の足どりが確かさをましてきたときに、なぜこのような貧しさと残酷さを語るシリーズが、多くの共感をもって読まれたのか。そこにあったのは、たんなる忘れえない過去だけではなかった。それは、敗戦から一九五〇年代という時代が、けっして対決の手を緩めることのできなかった現実でもあったことをしめしている。

戦後の変化は、けっしてそうした事実を歴史から引き剥がしたまま、あらたな変化に身を移しかえることができるほど底の浅いものではなかった。そしてこの時期に日本の社会科学の共有してきた課題が、民主化にあったとするならば、そこではこうした現実に正面から向かい合うことなしに、変化への認識を深めることはなかったし、またできなかったということである。

〔注〕

（1）M. B. Jansen, (ed.), *Changing Japanese Attitudes Toward Modernization*, Princeton, 1965, p. 88. 細谷千博編訳『日本における近代化の問題』岩波書店、一九六八年、九二頁。
（2）高島善哉『経済社会学者としてのスミスとリスト』如水書房、一九五三年、三―五頁。
（3）大道安次郎『スミス經濟學の系譜』實業之日本社、一九四七年。同『スミス經濟學の生成と發展』日本評論社、一九四八年。小林昇『フリードリヒ・リスト研究』日本評論社、一九五〇年。藤塚知義『アダム・スミス革命』東京大学出版会、一九五二年。
（4）高島善哉　前掲書　八頁。
（5）武田良三「デモクラシー文化」樺俊雄編『新時代の文化』愛育社、一九四六年、同「市民社會の體制」『フィロソフィア』第一五號、一九四七年、同「市民社會の問題」『哲學評論』第二巻第六號、一九四七年、同「市民社會の生成」『人文科學研究』第四號、一九四八年、A・ファーガソン、大道安次郎訳『市民社會史』白日書店、一九四八年、A・スミス、同訳『国富論の草稿その他』創元社、一九四八年。清水幾太郎『市民社會』創元社、一九五一年。尾高邦雄「市民社會（一）―新しい人間團結の探究―」『近代思想』第一號、彰考書院、一九四八年、同「市民社會（二）―國家と社會、あるひは市民社會理念の系譜一―」『同上誌』、一九四八年。阿閉吉男『市民社會の系譜』培風館、一九五五年。
（6）清水幾太郎　同上書　一五二―一五四頁。
（7）R. Akimoto, Der Zusammenhang zwischen der Soziologie in Japan und Deutschland in den 1920er und 1930er Jahren, in: R. Blomert, H. Esslinger und N. Givovannini (Hrsg.), *Heidelberger Sozial - und Staatswissenschaften*, Marburg, 1997, S. 452-471.
（8）丸山真男「戦前における日本のヴェーバー研究」大塚久雄編『マックス・ヴェーバー研究―生誕百年記念シンポジウム―』東京大学出版会、一九六五年、一六一―一六八頁。
（9）社會科學研究（一）『マックス・ウェーバー研究』鎌倉文庫新社、一九五〇年。
（10）出口勇藏『經濟學と歴史意識』弘文堂書房、一九四三年。
（11）青山秀夫『マックス・ウェーバーの社會理論』岩波書店、一九五〇年。

(12) 安藤英治『マックス・ウェーバー研究―エートス問題としての方法論研究―』未來社、一九六五年、四八〇頁。
(13) 樺俊雄『歴史社會學の構想』青也書店、一九四九年。
(14) 樺俊雄『歴史主義』教育書林、一九五二年、二三六頁。
(15) 塚本哲人「農村研究の成果と課題」『日本社會學の課題―林恵海教授還暦記念論文集―』有斐閣、一九五六年、九五頁。
(16) 有賀喜左衛門『有賀喜左衛門著作集、Ⅳ』未來社（第二版）序、二〇〇〇年、一頁。
(17) 福武直『日本農村の社會的性格』東京大学共同組合出版部、一九四九年、四―八頁。
(18) 細谷昂『現代と日本農村社会学』東北大学出版会、一九九八年、一〇八―一一〇頁。
(19) 柄澤行雄「戦後農村社会と農村調査」石川淳志・橋本和孝・浜谷正晴編『社会調査―歴史と視点―』ミネルヴァ書房、一九九四年、二二一―二二二頁。
(20) 蓮見音彦「大正・昭和初期の農村社会学（一）―日本農村社会学小史（二）―」『東京学芸大学紀要』第三部門、第三〇集、一九七九年、七三頁。中野卓「社会学における家の研究―有賀博士の業績を中心として―」喜多野清一・岡田謙編『家―その構造分析―』創文社、一九五九年、三四九―三六二頁。
(21) 蓮見音彦「農村社会学の課題と構成」『社会学講座、四、農村社会学』東京大学出版会、一九七三年、一―二頁。
(22) 同上論文　二―三頁。
(23) 福武直編『戦後日本の農村調査』東京大学出版会、一九七七年、五八頁。
(24) 同上書　五一―五三頁。
(25) 川島武宣『日本社会の家族構成』学生書房、一九四八年。
(26) 川島武宣『イデオロギーとしての家族制度』岩波書店、一九五七年。
(27) 日本人文科学会編『封建遺制』有斐閣、一九五一年、「序」一―二頁。
(28) 同上書　二頁。
(29) 日本人文科學會編『社會的緊張の研究』有斐閣、一九五三年。
(30) 近藤康男編『共同研究・貧しさからの解放』中央公論社、一九五三年、i―ii頁。
(31) 近藤康男編『續・貧しさからの解放』中央公論社、一九五四年。

（32）福武直編『戦後日本の農村調査』五五―五九頁。
（33）これらの調査結果については、いずれも大河内一男編『戰後社會の實態分析』日本評論社、一九五〇年に収録されている。
（34）薄信一「東京都に於ける壕舎生活者―一九四五年一一月調査―」同上書　一七七―一九九頁。
（35）薄信一「東京都に於ける浮浪者―一九四五年一二月調査―」同上書　二一二頁。
（36）辻勝次「戦後出発期における労働調査」『社会調査―歴史と視点―』一六六―一六七頁。
（37）『日本残酷物語』平凡社、一九五九―一九六〇年。第一部『貧しき人々のむれ』一九五九年、第二部『忘れられた土地』一九六〇年、第三部『鎖国の悲劇』一九六〇年、第四部『保障なき社会』一九六〇年、第五部『近代の暗黒』一九六〇年。
（38）同上書　第一部『貧しき人々のむれ』一頁。

第七章

日本近代化論の行方

1　近代化論の再検討

一九六〇年の夏に、箱根でアジア学会に属する「近代日本研究会議」(Conference on Modern Japan)の予備会議が開かれている。おそらくひとつの研究セミナーで、これほど大きな影響をみたものは、人文・社会科学の領域では他に思い当たらないだろう。

とくにこの箱根会議が日本の歴史学者と社会科学者のあいだで引き起こした論議の波紋は、その後の日本近代化論の展開にあって決定的なものとなる。

これについてM・B・ジャンセンは、「とくに日本で〈進歩派〉の人びとのあいだに、ある種の好奇心と思惑が生じた[1]」と触れているが、おそらくその後の反響をみていくとき、少なくともこの会議で、戦争責任論につよく呪縛されてきた近代日本の歴史観から、近代化の問題が解き放たれ、広く論議の対象として登場する契機をあたえたことは疑いえない。

このことはジャンセンが、この会議で近代化という概念のもとに日本の経験をとりあげた意図を、つぎのように述べているところからも分かる。

そのひとつは、「日本の最近百年の歴史にたいするなんらかの非政治的な、イデオロギーにかかわりない評価手段とアプローチ法を考え出そうとすること」であり、もうひとつは、「日本の進歩を評価し、その他の同様に比較的短期間のうちに近代的展開を果たさねばならなかった国々の進歩の様態と比較するための、なんらかの公平な……手段を見いだそうとする[2]」ことだった。

したがって当然ここでは、近代国家形成にいたる日本の歴史的経験は、その後の近代化の道筋と成果に照らして、その連続性のうちにとり上げられることになるし、またその視点から徳川期への再評価が問題となってくる。彼が、このような立場をとることによって、これまで近代日本論のいちじるしい特徴となっていた「繰り返しが多くしばしば循環論法に陥る〈日本の失敗〉論を抜け出ることができるように思われた[3]」と述べているのは、そうしたところにある。

もちろん箱根会議に参加したアメリカの研究者たちのあいだに、あらかじめ論議のための明確な合意があったわけではない。しかしそれが、非イデオロギー化という表現で、これまでの日本近代史を貫く立場、とくにマルクス主義的解釈にたいして対抗的な解釈をとるものだったことは否定できないだろう。

このことは、この会議で主論文の発表をおこなったJ・ホールが、これまでの日本近代の歴史解釈において経済決定論が重要な役割をはたしており、とりわけ労農派と講座派というマルクス主義の論争をとおしてなされてきたこと、そしてまたマルクス主義と非マルクス主義とのあいだの対話の欠如が、経験主義的基盤のうえでのマルクス主義の評価を妨げてきたと指摘していることにも、顕著にあらわれている[4]。

いうまでもなくこうした主張は、これまでの日本の近代化における封建制の歴史的役割について、大きな摩擦を生むことになる。というのはこのように日本の近代化の解釈にあたって、これに先行する時代の再評価にかかわるというのは、とりもなおさず日本の近代国家の建設がなされるにあたって、これに一定の役割をはたすことになった伝統、とくに「徳川期からの伝統の諸相がもつ圧倒的な重要性」を認めることになるからである。ホールの「オープン・アプローチ」とよぶ方法は、まさににこれをしめしたものだった。

そのさいホールがとったのは、「近代化の概念に包括されるもろもろの変動は、過程の諸要素として語ることができる。しかし過程としての近代化は、いままでのところ、なんら予見しうる終着点をもたない[5]」というところにある。

つまり近代化は、歴史のうえでまず西欧社会にあらわれたとしても、それは西欧の価値複合によって必然的にひき起こされたものでなく、あくまでも「多元的」な変化の過程としてとらえられるということである。

そこにみられるのは、西欧近代を一元的な指標とするこれまでの近代化の概念の否定にある。ホールが、近代化という概念を特定の社会にあらわれた普遍的な価値体系に向けての一元的な進歩の過程としてとらえられるものでもなければ、ましてや一定の到達目標や理想像をもつものでもなく、あくまでも多元的でさまざまな変数を内包しながら、多種多様なかたちで進行している歴史的な変化でしかないというのは、そこにあった。

そうだとすればここでは、そうした変化の過程を経験的にとらえていくための諸規準が必要になってくる。こうしてホールがひとつの「作業規定」として提起したのが、つぎの近代化の諸規準である。

(1)比較的高度の都市化、(2)普及した読み書きの能力、(3)比較的高い個人あたりの所得、(4)広汎な地理的および社会的移動、(5)経済の領域における比較的高度の商品化と工業化、(6)広汎な、しかも浸透性をもったマス・コミュニケーション・メディア網、(7)近代的な社会的、経済的過程への社会成員の広汎な参加とかかわり合い、(8)社会成員の広汎なかかわり合いをともなう比較的高度に組織された官僚制的政治形態、(9)科学的知識の成長にもとづくところの環境にたいしてますます合理的、かつ非宗教的に対応していこうとする個人の志向。[6]

ホールは、後にこれを七つの規準に整理しなおしているが、いずれにせよここで彼が試みたのは、近代化の論議にあたって最小限に合意できる手段としての規準の提示にあったといえる。

しかしこのように近代化を、一元的に括りつけてきた歴史的な範型から解き放し、共通の枠組みと客観的な規準を用意することによってとらえ直していこうとする立場は、けっしてホールにかぎられたものではなかったし、また箱根会議ではじめて意図されたものでもなかった。

これはたとえばジャンセンが、近代化の基本的特性を、社会変化を可能とし、また希求する「進歩の観念」、人間のエネルギーの組織的で、合目的的な使用を含む広義の「合理性」、および「機械化と工業化」に求め、これらを相互に関連した第一次的な要因の結果とし、さらにそこから都市化、教育の普及、機会の均等などといった第二次的な要因を引き出すことによって、それらの諸結果の移動のうちに近代化をみようとしたことなどは、そのひとつといえる(7)。

そしてこれは、D・A・ロストウとR・E・ウォードが、「ひとつの歴史的概念としての近代化は、経済の工業化と、理念の非宗教化といった観念を含んでいるが、近代化はそれに限定されるものでもない」として、近代化の規準を、広汎な地理的・社会的移動性、非宗教的・科学的・技術的教育の増進、出生にもとづく地位から業績にもとづく地位への移行、物質的生活水準の上昇といった現象に求めたとき(8)、同じような視点にたっていたということができる。

もちろんこのように近代化の測定を客観的な諸規準にゆだねるといっても、そこで進行している過程が相対的なものであるかぎり、これを数量化していくことは難しい。またそこで主体的な条件が問われていないかぎり、S・N・アイゼンシュタットのいうように、方向性と挫折の問題はとり残されていくことになる。

ただそうした問題を抱えたうえで、近代化過程にある社会が共有している特性とカテゴリーのセットによって、比較研究のための基盤を用意していくという試みは、近代化のもつ歴史的現実の多様性と不均等性に着眼しながら、経験的な分析を拡大していくという作業として大きく一歩を踏み出したものだったことは間違いない。

そしてこのような日本の近代化にたいする再評価の作業が、歴史解釈の立場を巻き込みながら、「近代化」そのものの概念にたいする検討を求められていった背後に、これを促す状況があったことに注目する必要がある。

はじめにも述べたように、この会議における最大の目的が、近代化を比較するための概念と分析の枠組みの整備にあったとしても、この論議が非欧米諸国にあって、その変化のなかで日本の近代化がしめる位置づけを問うかたちで論議を呼び込んでいったことを考えるならば、当然そこでは日本の近代化の問題を押し出していった条件を除いて考えることはできない。

これは近代化論争が、その後も非欧米諸国における近代化、——とりわけ発展途上國の近代化路線の問題をひきずっていくことになるところにもあらわれている。

そしてこの問題をとらえていくとき、おそらくその背景に、当時すでに経済の高度成長と、それなりの安定化した民主化の進行をはたした日本の近代化の現状にたいする評価が、大きくはたらいていたことは否定できないだろう。この問題が、日本の近代化の成功という現実と結びつけられていくとき、たんに日本固有の近代化という評価を越えて、特別の歴史的な意味をもたされてくるのはそのためである。

「非西欧諸国のうちにあって、日本だけが、アメリカやヨーロッパの先進諸国と肩をならべうる産業化、および都市化のレヴェルに到達した……わずか一世紀のあいだに、日本は近代技術を導入しただけではなく、西欧の進歩の過程に足並みを揃えさえしている。いくたの危機や急激な社会変動に直面して、一般日本人が、いかにうまく絶望と解体から日常生活を守りえたかということは驚くべきことである(9)」。

このE・ヴォーゲルの言葉は、ただそれだけをとり出すならば、きわめて月並みのものだともいえよう。すでに戦後日本を脱し、経済発展の足取りをたしかにしてきた日本が、近代化において肯定的な位置づけをえてきただけでなく、固有の評価をもって迎えられてきたことは、J・C・アベグレンの日本の工業の組織と制度における連続性と変化の独自性への評価にみられるように(10)、この時期に多くの研究者たちが日本の近代化にたいしてしめした顕著な特徴だった。

こうした日本の近代化の現状と評価が、この時期の近代化をめぐる論争にあってひとつの争点をなしていたとしても、けっして不思議ではない。しかし同時に、近代化のもつ問題性への再評価が求められてきたもうひとつの理由として、あらたな発展途上国の登場とそこで展開された問題を背景とする比較政治学の展開があったことも忘れてはならないだろう。

その点、奈良和重が指摘するように、「非西欧世界にたいするあらたな高まりが、非西欧諸国が現実の政治的状況にしめる比重と対応して、比較政治学の伝統的アプローチに徹底的な方向転換をもたらした[11]」状況を無視することはできない。

ここで提起されていく西欧諸国と非西欧諸国との差異と概念的分極化を、「移行社会」として認識し直し、さらには非西欧諸国間の差異にたいする比較可能性をあたえたのは、こうした近代化論のもたらしたインパクトだった。そしてそれが、けっして政治学の領域にとどまるものでなかったことは、先にあげたホールの九つの近代化の指標が、G・A・アーモンドとJ・S・コールマンの『発展途上諸地域における政治』（*The Politics of Developing Areas*, 1960）から援用したものだったことからもうかがえよう。

いずれにせよこうした問題を背負いながら、近代化の研究がきわめてつよい時代性をもって登場してくるとき、そこにあらたな社会科学からの対応がなされることになる。経済学における経済発展の理論、政治学における政治的近代化の理論、あるいは社会学における社会変動論および社会体系論、そしてとくに日本文化論として広く関心を引きつけていく文化人類学からの展開に接していくとき、われわれはそこに戦後日本の自己認識の作業のひとつをみていくことができる。

いまこうした研究のなかで産出されていった科学的な業績に触れるとすれば、改めてその豊穣さに驚かされるに違いない。おそらくそれは、政治学における政治発展の理論と展開をとってみても[12]、つよく認識させられることになるだろう。

2　過去と歴史評価

ではこうして近代化論が、概念構成の組み替えによって、日本の近代化の問題にあらたな接近を試みたとき、それはどのような分析視点から、非西欧的な史的展開に固有の要素を摘出していくことになるのだろうか。

いうまでもなく近代に先行する時代に、その後の発展を促し、またこれに作用していく諸要因をみていくということは、近代化がさまざまな歴史的条件のなかで多様な可能性をもっているということであり、このことは日本の近代化についていえば、伝統的体系の再編成、とりわけ徳川期の要素の連続性と再評価のうちに、固有の近代化への適応性の問題がとらえられることを意味する。

いいかえるならばこの見方は、これまで日本の近代化をみていくとき、「前近代性」、ないしは「封建遺制」として批判の対象となってきた先行社会の制度や価値体系を、改めて評価し直していくことにつながる。したがって近代化をめぐる歴史認識において、まずこの点に論議が集中したのは、そうした日本近代史の研究の経緯からすれば、しごく自然であったともいえるだろう。

そしておそらくこの封建制度の再評価の問題をめぐる論議をみていくとき、まず思い起こされるのが、一九六〇年代の前半に起こった「ライシャワー路線」にたいする批判である。もっともこのとき噴出したのは、路線の政治的プロパガンダ性にたいする反発というかたちをとったため、封建制度の近代化促進におよぼした諸要因を積極的に評価し、その特異性を強調するライシャワーの歴史認識そのものにたいしての論議はあまり深められることはなかった。

ここで彼の真の意図がどこにあったかについては、改めて問わないことにしよう。ただそこでしめされた彼の歴史的認識が、ライシャワーを含む多くのアメリカの研究者たちのたつ史観と無関係ではなかったことだけは、確認しておく必要がある。というのは堀米庸三が指摘しているように、この立場は、「欧米学会に一般的な封建制度理解の線にそうもので、けっして突飛な意見ではなかった[13]」からである。

その点では、日本の封建制に内在する文化的特性に、明治以降の急速な近代化の成功のひとつの要因をみていくライシャワーの立場は、欧米の史学の伝統からすれば、けっして目新しいものではなかった。そしておそらく堀米のいうように、ここでライシャワーの発言を支えていたのは、基本的には「歴史の担い手の側における主体的条件の評価」にかかわるものであって、そうした日本の近代化にたいする研究が、「社会の近代化につとめる他のアジア諸国にとって、近代化の範例としてヨーロッパを学ぶよりも、はるかに実際的・合目的的だ[14]」というところにあったといってよいだろう。

そうだとするならば少なくとも日本近代化論にあらわれた封建社会の価値体系と制度をめぐる再評価にかんするライシャワーの発言が、そのまま政治的意図に導かれたものでなかったことはたしかだといえるだろう。

つまりここで問題とされなければならないのは、こうした前提にたつときに無視できない共通の認識を、近代化論の論議にあたって、どのように受けとめていくかということであり、また理解の根底におくかということである。この点を確認しておかないかぎり、そこで展開されていく日本近代化にかんする研究は、いずれも具体的な史的分析に入れないことになる。

おそらくこの問題は、当時駐日大使ライシャワーという政治にまみれた立場にあった研究者の発言から離れて、この時期にあらたな分析の手法と方法のうちに展開されていくその他の日本近代化論をとりあげていくとき、はっきりとしてくるだろう。その一人をあげるとすれば、社会学の領域からきわめて魅力的に近代化の比較研究を試みたのが、R・N・ベラーだった。

ここでベラーを誘ってきた問題意識は、M・ヴェーバーの資本主義の精神にかかわる宗教的倫理の研究にあり、カルヴィニズムが、西欧資本主義の発達にさいして演じた動機づけをひとつの手がかりとして、日本の宗教と近代化＝工業化との関連を追求するところにあった。

つまり彼じしんの言葉を借りれば、「非西欧諸国のなかで、日本のみが伝統社会が伝統的指導権のもとで急激な改革に着手し、……逆行できない近代化の過程をはじめることができた点[15]」をあきらかにするために、その近代化の過程を、「伝統社会全体の構造によってあきらかにしなければならない」ところにあったといってよい。

ベラーは、T・パーソンズの「型の変数」を分析用具として適用することによって、これをおこなうことになる。ここでベラーが日本の価値体系をとらえるうえで重視したのは、「業績本位」と「個別主義」の型の変数であり、これを特徴とする政治的価値の優位にある。

そしてベラーは、日本において近代化が可能だったのは、「日本の強固な政治体系と支配的な政治的価値が、あきらかに産業社会の勃興に適していたということ」、および「宗教が日本における政治的経済的合理化の過程において重要な役割を演じた」ことにあったと強調する。[16]ここでベラーが中心においているのが、徳川期との関連のなかに、「経済的合理性の過程にまったく対比しうるような政治的合理性があった」ということであり、それが必要とされた政治的革新にたいして動機づけと正統性をあたえ、また宗教が適切な中心価値の形成にあたって、重要な役割を担ったということである。

こうしてベラーは、日本における近代社会への転換は、中核的価値の変革ではなく、むしろその強化によってもたらされたところにあるとみることになるが、そのさい彼を支えているのが、日本においては「宗教が政治の合理化に主要な役割を演じた」という主張である。

もう少しベラーの解釈にそっていえば、ここでは日本の価値体系における個別主義の優越が、逆説的に疑似普遍主義の機能をはたしたところに求められるといってよいだろう。そしてこれは、日本の近代化における政治的合理化と関連しながら、遂行および業績価値が個別主義を普遍主義の代用品として機能させる根拠をあたえ、宗教的動機づけを政治的合理化と急速な産業化の精神的エネルギーに転化させていったということになる。(17)

いうまでもなくこうしたベラーの分析には、多くの検討をまたねばならない問題が残されている。おそらく丸山真男の指摘するように、ベラーがほとんど前近代日本の価値体系や社会制度の合理的側面にだけ注目し、非合理的側面をとりあげていないことなどは、そのひとつである。

この批判については、ベラーじしんも認めており、ここで伝統的諸価値および諸制度の枠内でなしとげられた近代化の過程から、後に生じた重大な問題に力を入れないでしまったと述べている。(18) そしてまたここで用いられている概念図式の分析用具としての適合性も、当然のことながら方法論にかかわる基本的な検討の課題となるだろう。その点、制度化された価値体系の持続性に視点をおいた彼の分析が、より実証的な検証を必要としていることも間違いない。

しかしここでベラーが、社会体系のレヴェルでの重要な諸価値の制度化を社会構造の決定要因として重視し、その持続的な価値の強化が近代化にはたした役割を強調するとき、それが、近代化にたいする比較展望として、分析視角のうえからも、また方法のうえからも多くの示唆的な問題を提起していたことは疑いえない。

そしてたんに近代化論としてだけでなく、社会学の領域に視点を移しかえるとき、あらたに構造＝機能主義が社会学の潮流として注目を集め、パーソンズの社会体系論の適用が見込まれていたなかで、こうした理論的な展開の途がしめされていた意味は、けっして小さくなかったといえよう。

こうして日本近代化論は、史観ともかかわりながらきわめて論争性をもった問題を研究の争点として登場してくることになるが、これは経済学や歴史学をはじめとする他の研究領域の動きのうちに、紛れのないかたちであらわれてくる。

そして同時に無視できないのは、この問題を押し出した時代が、論議につよい政治性をもたせ、近代化の「路線」問題という性格をもたせた背景としてあったことである。ライシャワーやW・W・ロストウなどは、まさにそうしたなかでもっとも政治的な目でとらえられ、批判の矢面に立たされたものだったといってよい(19)。

その意味では、一元的な社会発展過程に基礎を求めるマルクスの理論にたいして、高度大衆消費時代に入った段階で、社会発展の多元的な決定要因を強調するロストウの論点のひとつに、現代の発展途上国におけるつよい特殊な文化をもった伝統的社会の近代化という問題があったことは、こうした政治的批判を高める一因として見落とすことはできない。そしてそこには、やはり日本近代の経験にたいする認識と評価があった。

こうして展開されていく近代化論は、一九六〇年代の日本の高度経済成長という現実へのかかわりをもつとき、その変動のもたらすインパクトを身に受け、これにたいする分析を触発しながら、あらたな領域に向かっていく。もちろんこれは、ただちに高度経済成長を透視するためのひとつの理論的枠組みの構築としての意味をもっていたということではない。しかしとりわけ日本で、この時期におし進められていく社会変動の波が、近代化論への再検討を促し、そのなかで方法的視点の変更を迫っていったことは、これらの近代化論の展開をみていくときに、見落とせない論点をなしていることだけは否定できない。

そうしたなかで出会う業績にあって、おそらく富永健一の『社会変動の理論』（一九六五年）は、理論研究として突出した作品だといってよい。資本主義―社会主義の問題を避けることなく視野に収め、方法論として当時社会学を主導していた機能主義理論の解釈にたって社会変動を理論化し、近代化の理論と結びつけたこの研究は、社会変動論としてまとめられた画期的な業績であったといえる(20)。

そしてこの作品もまた、すでに展開されてきた近代化論と密接な関連をもっていたことは、後に彼が『近代化の理論―近代化における西洋と東洋―』（一九九六年）において、つぎのように振り返っていることからもうかがえよう。「一九六〇年代は、アメリカを中心に近代化理論が隆盛だった時代で、私はそれらを吸収したが、私が同書の表題に〈近代化〉という語をださなかったのは、当時の日本の知識界にはマルクス主義の勢力が強く、〈講座派マルクス主義〉に属する日本史家たちが、〈ライシャワーの近代化路線〉に猛烈な一斉攻撃をかけていたからである」。そしてこうも述べている。「私の社会変動理論はもともとマルクス主義への批判から出発したのであったが、それでもさすがに自分から〈近代化理論〉を名乗る勇気は当時の私にはなく、〈近代化〉よりもむしろ〈産業化〉のほうを中心概念としたのであった(21)」。

こうした時代の状況は、いうまでもなく近代化をめぐる自己認識の変化を巻き込みながら、自己の伝統と文化変容の問題をめぐってさまざまなかたちの波紋を引き起こしていくことになる。そこで賑やかに登場してくるのが、いわゆる「日本文化論」、あるいは「日本人論」である。

敗戦後、近代化と民主化の波のなかできびしい批判にさらされ、戦後日本をくぐり抜けるなかで、日本人のアイデンティティの対象としてつねに意識されてきたのが「日本文化」であったとするならば、それが「負」のイメージのもとではなく、固有の評価をもって語られてきたのも、この時期である。

3 日本文化論の行方

青木保は、「日本文化論」の基本的な試みを、「近代国家の建設と敗戦によるその挫折から、日本人の可能性を求めての必死の学問的かつ思想的な営み」に求め、その作業を、「文化」と「アイデンティティ」の結びつきを追求する努力だといっている。

そしてこうした立場から日本人の位置づけの試みをめぐる変化を、時期的に追っていくとき、一九四五年から現在（一九九〇年）にいたる流れは、四つの段階に分けられるという。そしてそのなかでもとくに一九六〇年代の後半より七〇年代前半にかけての時期（一九六四年から七六年）を、「肯定的特殊性の認識」の前期と特徴づけている。(22)

すでに触れたように日本の経済高度成長が一九五五年にはじまるという通説にしたがえば、まさに六〇年代は成長のただなかにあったといってよい。そうしたなかで戦後の貧困を脱した日本は、経済大国の夢を抱きながら自己確認の追求をはじめることになる。日本近代化論は、この時期を跨ぐかたちであらわれ、歴史的相対性の認識にたいする支持を広げていくことになる。

これを肯定的な日本評価と受けとるか、封建遺制と過去の責任論の呪縛からの脱却とみるかは別として、前近代性にたいする負の評価から、日本の独自性の確認と西欧中心主義からの脱却の意識が醸成されていった時期とみることでは、それほど意見は分かれないだろう。その意味では、青木のいうように、これに先だつ一九五五年から六三年は、「歴史的相対性の認識」の時期だといってよい。(23)

では一般大衆は、どのようにこの時期を迎えていたのだろうか。その様子を伝える荒俣宏の興味深い回想がある（『日本経済新聞』二〇〇二年七月二九日、夕刊）。そこにあげられているのは、一九六〇年に平凡社から刊行された五巻シリーズ『われら日本人』である。木村伊兵衛など六〇人以上の写真家が、嘘のない日常風景を撮りまくり、和歌森太郎、円地文子、野間宏らが写真キャプションや解説を担当した。アメリカ文化人類学会からも「写真人類学の新分野」と絶賛されたという。

そのなかで荒俣は、「たとえば、すぐにしゃがみこむ日本人の姿、腰かけに正座してすわる日本人、畳の上で横になる日本人のポーズ。みんな気恥ずかしくなるほどリアルな映像だった」と記している。そしてそれが、評判のわりにはあまり売れなかったのは、「当時の日本人が顔を赤らめるような自分たちの赤裸々な写真に抵抗を感じたからだろう[24]」と注釈している。

産業化による農村人口の大量流出、都市化と生活様式の変化、新中間層の増大、大衆消費文化への移行――こうした絶え間ない変化のなかで「豊かな社会」を迎えようとしていた日本は、同時に急激な国際化のなかで、なお「いじけ」た心を捨て切れない国民でもあった。荒俣がこの写真集にみたのは、おそらくそうした変化のなかで、外に身を晒すことになった戸惑いを隠しきれない高度成長期の日本人の生の姿であったに違いない。

けっして生活感覚のうえだけの話ではなかった。日本近代化論にあらわれる歴史認識の相対化と特殊性の認識は、相対化の意識を高めながらも、そのまま過去を振り払うことはなかった。歴史を「外からみる者」と「内に生きる者」との宿命的な相違を消しがたく負いながら、われわれがこの時期に、なお問いかけることをやめなかったのが、戦争体験であり、戦後の意味である。

それは、われわれが過去から抜け出すことを許さないほどの基底として重さをもっていたということであり、またその問いかけは、どのような歴史観をもつにせよ、脇においたまま通りすぎ去れるほど軽いものではなかったということである。

その意味では、一九五九年から刊行されはじめた春秋社の『現代の発見』（全一五巻）シリーズは、戦争という体験的事実を基礎として歴史の意味をつかむという意図に支えられ、その風化をくい止める意志に忠実なものであったといわなければならない。(25) そこには、いわゆる「戦中派」の戦争体験にたいする一肩ならぬ思い入れがしみ込んでいるとしても、世代の壁を越えて、これを近代史に触れ合う歴史意識として高めていこうとする努力があった。

おそらくこの時期に発言される戦争責任、戦後精神の問題は、素朴な体験リアリズムやイデオロギーの縛りを越えた語りとして、多くの問いかけを含んでいたといわなければならない。六〇年安保をめぐる年月は、そうした意味では、まだ戦後を引きずり、近代化の方向を見定めえないまま逡巡の思いを歴史に委ねていた時期であったともいえる。

しかしこのような思いと精神を錯綜させながらも、青木のいうように、この時期をはさんで、経済成長と社会の安定が次第にはっきりとし、イデオロギーよりも「現実主義」が前面に出てきたことは否定できない。

そうしたなかで日本の現実にたいする認識が、その個性と特殊性にたいする肯定的な認識を深めていったのが、この時代の生んだひとつの特性だった。そこで人びとの心をとらえていったのが、「日本文化論」であり、「日本人論」だったといってよいだろう。

一九六四年に、社会人類学者中根千枝の「日本的社会構造の発見」が発表されている。日本人の「集団主義」の原理と、その「独自性」をとり上げたこの研究は、インド社会との比較の観点から提起されたものだったが、その後、一九六七年に新書版としてまとめられた『タテ社会の人間関係』の刊行とともに、日本の社会構造の分析としてベストセラーの座を獲得する。(26)

周知のようにここで中根が強調したのは、日本人の集団や組織原理にみられる「タテ性」であり、そこに内在する要素として、場の共有による他集団にたいする枠の形成と、集団への全面参加、およびタテの数珠つなぎ構造をもつ人間関係であり、そこに形成されていく日本の集団に固有にみられる意識と秩序の原理だった[27]。

そしてこうした日本の社会構造に独特のかたちで特徴づける場という集団原理は、批判精神の欠如という論理性の欠如をまねく性格をもっていたことはたしかだとしても、タテ社会の集団原理は間違いなく「日本の近代化に貢献」してきたという。

いまここではこうした中根の主張には立ち入らないが、このタテ社会の原理による中根の集団主義のなかに、イデオロギーや前近代性を越えた日本の社会集団の原理をみいだし、そこに社会構造の特質をみたことは、この時期の日本文化論の展開を見ていくとき重要な視点となる。

そして青木は、さらにそうした独自性をもった社会構造の摘出という作業に目を向けるとき、もうひとつの日本文化論として忘れられてはならない作品をあげている。それが、恥の文化の分析をとおして日本社会に固有の人間関係と集団の関係をあきらかにしていこうとした作田啓一の「恥の文化再考」（一九六八年）である[28]。

ここで青木が強調しているのは、ベネディクトの指摘した日本文化の恥の文化の再検討をとおして、日本人の集団結束性の強化のはたらきをみとめた功績である。作田が、〈恥の文化〉の再評価によって、中根の〈集団主義〉の再評価と軌を一にして、〈日本文化〉の肯定的特殊性への認識の道を開いたというのは[29]、そこにある。

おそらく日本文化論、あるいは日本人論の流れに身を寄せていくとき、そこに引き込まれてくる作品を、どのようにとらえていくかは、見方によって違ってくるだろう。それを承知のうえで、いまこの時期に繰り広げられていった多彩な日本文化論の広がりをしめすために、このとき人びとの心をつよくとらえたひとつとして、精神医学からの土居健郎『「甘え」の構造』（一九七一年）をあげておくことにしよう。

土居は、その動機としてアメリカでの文化的接触で受けた衝撃とベネディクトの『菊と刀』によってかきたてられた知的好奇心をあげているが、「甘え」の観点からの精神分析と日本人の特徴の考察は[30]、ここでも現代の社会問題にたいする関心として凝縮していく。

そしてこのような日本文化論や日本人論の広がりをみていくとき、おそらく間違いなくそこでひとつの中心的な論題となっていたのが、「集団主義」であったことは、繰り返すまでもない。またそれが、とりわけ経済の高度成長にみる成功のなかで、「日本的経営」の特色としてとり上げられてきたことは、アベグレンにつながる一連の論議のなかでみてきたとおりである。おそらく日本人の行動様式から集団主義と人間主義を、日本経営の系譜の研究のなかで問題としていった間宏が、視点を「その時代の社会や文化にどのように適応しつつ機能しているか」に求めていたのも[31]、こうした日本人論が文化の型として一人歩きするおそれを感じたからだといえるだろう。

しかし一九六〇年代から八〇年代にかけて、われわれの前に姿をみせるのは、日本文化論、ないし日本人論の洪水である。こうしたなかで、一九七〇年代に日本人の標準的行動にみられる「間柄」を、その展開におく濱口恵俊の「間人主義」に出会うことになるし、またそこから多くの興味をそそる集団主義の分析に接することになる。

一九七九年には、ヴォーゲルの『ジャパン・アズ・ナンバーワン』があらわれる。もしこれを、日本文化論が頂点に達したときとみるならば、やがて日米の経済摩擦を背景としながら、きびしい批判にさらされる日本文化肯定論は、まさに九〇年代以降のバブル崩壊のなかで出口を見失うことになる。

しかしここで問題とされなければならないのは、こうした日本文化論や、これにかかわってきた個々の日本人論の分析の妥当性を問うことにあるのではない。ましてやその功罪を尋ねることにあるわけでもない。そうではなく日本文化論の展開を、戦後日本の自己認識のあとと重ね合わせていくとき、われわれがなによりも求められている問題というのは、それがどれだけ主体的に自覚され、また歴史意識として煮詰められていったかということである。

日本文化論が、たんに文化人類学的な作業の産物としてだけでなく、あるときは社会的パーソナリティの研究として展開をしめし、また精神分析学の視点をくみ込みながら日本文化の基層とパターンの解明に努めていった意味は、たしかに小さなものではなかっただろう。そしてそれが、戦後の日本の復興にかかわる営為と無縁でなかったことは、日本文化論じたいが、そうした歴史の歩みと交わりながら展開してきたことにあらわれている。

しかしそれが、現実への緊張感を失い、たんなる日本人論として、その固有の行動原理や特性の強調におわるとすれば、かりに比較文化論としての視点は残したとしても、みずからを歴史のうちに投影しながら主体的に語りかけることはなくなるに違いない。

〔注〕

（1）M. B. Jansen, (ed.), *Changing Japanese Attitudes Toward Modernization*, Princeton, 1965. 細谷千博編訳『日本における近代化の問題』岩波書店、一九六八年、「日本版の序文」iii頁。
（2）同上訳書　iv頁。
（3）同上訳書　iv頁。
（4）J. W. Hall, Changing Conception of Modernization of Japan, M. B. Jansen, *op. cit.*, p.13.「日本の近代化にかんする概念の変遷」前掲訳書　一一頁。
（5）J・W・ホール「日本の近代化—概念構成の諸問題—」『思想』一九六一年一月号、四二頁。
（6）同上論文　四二〜四三頁。
（7）M. B. Jansen, On Studying in Modernization of Japan, *Asian Cultural Studies*, Vol.3, October, 1962, p. 3.
（8）D. A. Rustow and R. E. Ward (eds.), *Political Modernization in Japan and Turkey*, Princeton, 1964, p. 3.
（9）E. Vogel, Japan's *New Middle Class*, Berkeley, 1963, p.3.
（10）J. C. Abegglen, *The Japanese Factory: Aspects of its Social Organization*, 1958, 占部都美監訳『日本の経営』ダイヤ

モンド社、一九五八年。
(11) 奈良和重「非西欧諸地域の政治研究序説」『年報・政治学（一九六二年）』岩波書店、一九六二年、五〇頁。
(12) 内山秀夫『政治発展の理論と構造』未來社、一九七二年。
(13) 堀米庸三『歴史の意味』中央公論社、一九七〇年、一五〇頁。
(14) 同上書　一五〇頁。
(15) R. N. Bellah, *Tokugawa Religion: The Values of preindustrial Japan*, Glencoe, 1957, 堀一郎・池田昭訳『日本近代化と宗教倫理』未來社、一九六二年、「日本語版への序文」、五ページ。
(16) Ibid. 同上訳書　二七四―二七六頁。
(17) 秋元律郎「近代化の概念とその再検討」『社会科学討究』三〇号、一九六五年、一二九―一三八頁。
(18) W. W. Rostow, *The Stages of Economic Growth: A Non-Communist Manifesto*, London, 1960. 木村健康、久保まち子、村上泰亮訳『経済成長の諸段階―一つの非共産主義宣言―』ダイヤモンド社、一九六一年。
(19) 正田健一郎「アメリカにおける日本近代化の研究動向」『政治経済雑誌』一八七号、四六―四七頁。
(20) 富永健一『社会変動の理論―経済社会学的研究―』岩波書店、一九六五年。
(21) 富永健一『近代化の理論―近代化における西洋と東洋―』講談社、一九九六年、三―四頁。
(22) 青木保『「日本文化論」の変容―戦後日本の文化とアイデンティティー―』中央公論社、一九九〇年、二七―二八頁。
(23) 同上書　六四―八〇頁。
(24) 荒俣宏「有難うございました」『日本経済新聞』二〇〇二年七月二九日（夕刊）。
(25) 『現代の発見』（全一五巻）、春秋社、一九五九年より刊行。
(26) 中根千枝『タテ社会の人間関係』講談社、一九六七年。
(27) 同上書
(28) この作田啓一の論文は、はじめ『思想の科学』一九六四年に発表され、後に『恥の文化再考』筑摩書房、一九六七年として刊行されている。
(29) 青木保　前掲書　九六頁。
(30) 土居健郎『「甘え」の構造』弘文堂、一九七一年、一―一九頁。

(31) 間宏『日本的経営の系譜』日本能率協会、一九六三年、二八七―二九六頁。

あとがき

日本の社会科学の歴史を辿ることは、同時に明治以降から太平洋戦争終結にいたる近代化過程の展開と挫折の問題を追うという課題とつながる。その意味では、この作業は、日本の近代社会科学が、いかに戦前の支配的な国家イデオロギーに流され、またこれにたいしてどのようなかたちで抗してきたか、という問題を批判的に検討していく視角を除いては考えられない。

いうまでもなく日本の近代化は、なんの抵抗もなくおこなわれてきたわけではない。とくに欧米の思想が旧来の伝統的な価値観や行動基準にたいして外的なものとして映ったとき、変革にたいする負担は過重であり、きびしい緊張と歪みを避けてとおることはできなかった。そして当然のことながら思想の導入は、きわめて選択的かつ政策的な意図を孕んだ仕方でおこなわれていくことになる。その点、日本の近代思想と社会科学の受容は、日本の近代国家形成の目的と離れがたく結びつく。

日本の社会学が、導入にまつわる性格から、つねに観念性を指摘されながらも、実は絶えず一定の歴史的背景のなかで課題を受けとり、現実の要請に応えるかたちで展開してきたのはそのためである。本書では、社会学が時代の抱える争点として向かい合うことを余儀なくされたいくつかの問題を、そこでくぐり抜けてきた現実のなかから掘り起こし、その作業をとらえ直すことによって、近代日本にたいする時代認識を確実なものとしていくという手法をとった。

つまり社会学が、現実との対応のなかで拾い上げ、そして応答してきた問題群のなかから、近代日本が思想と現実において直面してきた争点をとり上げ、歴史の転換にさいして遭遇した主要な問題を読み解こうとしたものである。

その意味では、社会学の展開をとおしたひとつの近代日本の社会史としての性格をもつといってよいのかもしれない。

はじめは戦後の分析に重点をおく予定で構成を考えていた。とくに社会学の理論および方法論の分化と展開、大衆社会論をめぐる論争、都市化とコミュニティ論、とくに戦後の変動過程における地域権力と政治の構造的変化、といった理論および社会過程と密着しながら展開してきた問題について論じ直すつもりだった。残念ながら、いまはこうした予定を胸にしまいこんだまま、断片的なかたちで問題を提起するしかなくなった。

このようなかたちをとった本書が出版できるのは、すべて学文社の田中千津子社長の深いご理解と励ましのおかげによるものである。感謝の言葉もない。心から御礼申し上げる次第である。また御多忙中にもかかわらず、本書の校正のために貴重な時間と労力をさかれた早稲田大学土屋淳二助教授に感謝の意を表する。

二〇〇四年四月

秋元　律郎

著者略歴

秋元　律郎（あきもと　りつお）

現在：早稲田大学名誉教授，放送大学客員教授
　　　文学博士

〔主著〕
『現代都市の権力構造』(1971年，青木書店)，『戦争と民衆』(1974年，学陽書房)，『ドイツ社会学思想の形成と展開』(1976年，早稲田大学出版部)，『日本社会学史』(1979年，同上)，『知識社会学と現代』(1999年，同上)，『現代都市とエスニシティ』(2002年，同上)，『マンハイム　亡命知識人の思想』(1993年，ミネルヴァ書房)，『権力の構造』(1981年，有斐閣)，『都市社会学の源流』(1989年，同上)，『市民社会と社会学的思考の系譜』(1997年，御茶の水書房)，『現代社会と人間』(1999年，学文社，共編）など。

近代日本と社会学

2004年８月10日　第一版第一刷発行

著　者　秋　元　律　郎
発行者　田　中　千　津　子
発行所　㈱　学　文　社

〒153-0064　東京都目黒区下目黒3-6-1
電話（03）3715－1501（代表）　振替　00130-9-98842
http://www.gakubunsha.com

印刷所　新灯印刷
〈検印省略〉

ISBN4-7620-1331-5